八卦掌
实用技击招法

刘玉海　编著

北京体育大学出版社

策划编辑：孙宇辉
责任编辑：井亚琼
责任校对：田　露　刘艺璇
版式设计：华泰联合

图书在版编目 (CIP) 数据

八卦掌实用技击招法 / 刘玉海编著 . —— 北京 ： 北京体育大学出版社 ，2023.6
ISBN 978-7-5644-3830-2

Ⅰ . ①八… Ⅱ . ①刘… Ⅲ . ①八卦掌－基本知识 Ⅳ . ① G852.16

中国国家版本馆 CIP 数据核字 (2023) 第 089859 号

八卦掌实用技击招法
BAGUAZHANG SHIYONG JIJI ZHAOFA

刘玉海　编著

出版发行：北京体育大学出版社
地　　址：北京市海淀区农大南路 1 号院 2 号楼 2 层办公 B-212
邮　　编：100084
网　　址：http : //cbs.bsu.edu.cn
发 行 部：010-62989320
邮 购 部：北京体育大学出版社读者服务部 010-62989432
印　　刷：北京昌联印刷有限公司
开　　本：710 mm × 1000 mm　　1/16
成品尺寸：170 mm × 240 mm
印　　张：7
字　　数：104 千字
版　　次：2023 年 6 月第 1 版
印　　次：2023 年 6 月第 1 次印刷
定　　价：48.00 元

刘玉海，现任河北省传统武术联合会廊坊分会副会长、内家拳研究会副会长，爱好武术、写作和书法。

在武术方面，他拜国家级非物质文化遗产八卦掌传承人，董氏八卦掌第四代、郭氏八卦掌第二代传人，河北省传统武术联合会廊坊分会会长郭振亚为师，学习八卦掌、形意拳和杨式太极拳以及缠手，曾多次参加全国及省市武术表演和比赛，两次获得全国武术比赛金牌；在写作方面，他多次发表报告文学和小说作品，其中，小小说《厂长的秘密》获全国"首届写作水平测验赛"入选奖；在书法方面，他曾获"新华杯"全国书画艺术大赛优胜奖、第二届"新时代"全国诗书画印联赛银奖、第三届"新时代"全国诗书画印联赛金奖、第十一届"羲之杯"全国诗书画家邀请赛一等奖等。

序

20 世纪 80 年代中期，弟子刘玉海在固安拜我为师学习内家拳。开始他主要学习形意拳，之后相继学习了八卦掌、八卦刀、八卦双头蛇、八卦剑以及 85 式杨式太极拳和缠手。经过一段时期的观察，我认为他的身法比较适合练习八卦掌，于是后期让他侧重八卦掌方面的训练，重点学习八卦掌、八卦掌对练、八卦双头蛇以及八卦双头蛇与八卦刀的对练。我多次推荐他参加武术比赛和交流表演。跟我学艺这么多年，客观地讲，我对他还是比较认可的。

"学武术，先做人"，这一点他做到了。他和师父、师兄弟的关系都很好。他练功刻苦，勤奋好学，博采众长，不断提升自己的水平，经常和师兄弟交流学习心得，取长补短。他没有门派之见，经常虚心向其他门派的老师请教，吸收其他门派的长处，努力提高自己。

这本《八卦掌实用技击招法》总结了他多年来精心学练八卦掌的体会，是对《郭氏八卦掌》一书的深入解读，比较实用。希望这本书能给广大武术爱好者提供有益的参考，同时也希望弟子玉海继续发扬尚武精神，崇尚武德，精研体用，弘扬武术。

郭振亚

2022 年 5 月 8 日

前言

　　《八卦掌实用技击招法》一书是对《郭氏八卦掌》（我师父郭振亚和其子郭浩所著）一书中实用技击招法的解读。

　　我在获得《郭氏八卦掌》书后，如获至宝，结合师父传授的内容，重点研习了书中的动作、技击核心和特点，经过精心琢磨、反复实践，现把学到的、平时枳絫的一些技法和体会整理成《八卦掌实用技击招法》奉献给大家。在成书的过程中，我得到了师父郭振亚等人的指导和支持，对每个动作都做了模拟演练。

　　本书主要是以郭式阴阳双重转换八卦掌套路为基础，从八卦掌拆招入手，以防守反击为主，以三大内家拳的组合用法为辅，注重实用性、技术性，突出接手即反击的特点；意在对八卦掌的理论、技击核心以及实用特点进行深入的研究和探讨，以凸显八卦掌刚柔相济、虚实结合、攻守合一、化打一体、摔拿兼备、走中发力、圈里打人的特色。

　　当然，八卦掌不仅有技击功能，还有很高的健身养生价值。练习八卦掌时的呼吸、意念、肢体的屈伸开合，都会刺激骨骼肌肉和五脏六腑，外壮筋骨，内强机能。但由于本书主要是从实用技击角度出发撰写的，所以在以上方面没有进行过多的探讨。

　　本书的内容是以《郭氏八卦掌》中的套路动作为基础，结合我自己的理解，研究总结出来的。书中的动作和动作名称也基本以《郭氏八卦掌》一书中的动作和动作名称为基准。八卦掌、形意拳、太极拳是内家拳三大名拳，拳理基本相通，只是表现形式不同。因此，我在书中初步研究了这三种拳的组合用法。

八卦掌的手、眼、身、法、步，千变万化，受限于水平，我整理的这些内容不及八卦掌技击招法之万一，仅是粗浅的几点体会，将之奉献给武术爱好者，抛砖引玉，意在通过对八卦掌实用技击招法的讨论促进人们对八卦掌的理解，反对非正确比赛，为弘扬传统武术文化贡献微薄之力。

刘玉海

2022 年 8 月 16 日

目 录

第一章

概述

一、八卦掌的理论基础

　　八卦掌是以阴阳五行八卦论为基础的。阴阳学说的内容包括阴阳对立、阴阳互根、阴阳消长和阴阳互换四个方面。阴阳之间的对立制约、互根互用，并不是处于静止不变的状态，而是始终处于不断的运动变化之中的。正所谓"一阴一阳之谓道"——《易经·系辞传》。

　　"五行"指金行、木行、水行、火行、土行。八卦是阴阳、五行的延续，也可以将万物分作八卦。借阴阳之变化，五行之生克，融走转技法于四象八卦之中，形成了阴阳相互转换的八卦掌。其八卦五行歌：

身披八卦，怀揣五行。

脚踏阴阳，摆扣圈中。

定则成卦，变则卦生。

卦中有卦，生克转换。

逆势相克，顺势相生。

虚实结合，阴阳分明。

四象八卦，运化五行。

瞬息万变，不离其宗。

八卦主要是"变"，五行主要是"生克"。

八卦又分先天八卦和后天八卦，见图1-1。故八卦掌也分为先天八卦掌和后天八卦掌。

先天八卦　　　　　　　　后天八卦

图1-1　先天八卦和后天八卦

一般认为，先天为本，后天为用。先天八卦掌属于坎卦，坎中满，外柔内刚，注重拳法功力，是在运动当中由中盘发出的合力之拳。后天八卦掌属于离卦，离中虚，外刚内柔，注重身法功力，上下两盘要保持合力，以求中盘的重心变化。坎、离卦象，见图1-2。

坎卦　　　　　　　　　　离卦

图1-2　坎卦和离卦

八卦分阴阳，万物皆有阴阳。一般认为，后天八卦掌是对先天八卦掌的发展。先天、后天是相合的，也就是坎离相合、本用相合，这对应周易八卦中的第六十三卦——既济卦，见图1-3。其爻位次序，先阳后阴，三阳三阴，六爻全部归班就位，代表天地间的哲理，是八卦掌阴阳变化、刚柔相济的基本理论基础。

图 1-3 既济卦

八卦掌的精髓集中体现了一个"变"宁，即变中寻机，随机应变；变中求法，变中发力；变中生巧，变中取胜。八卦掌讲求顺势而为，天人合一，充分体现了道教思想文化的精髓。

二、八卦掌的运动形式

八卦掌以"行走""趟泥步"为内功功法，以"拧翻走转"为基本运动形式，以掌法的变化为主要技击手段，这些都是它区别于其他拳种的基本特点。八卦掌的运动形式还体现在以对方为圆心的"公转"和以自身为轴心的"自转"上，见图1-4。以此，大大增加了拧旋力和旋贯力，充分发挥了自身的技击潜能。

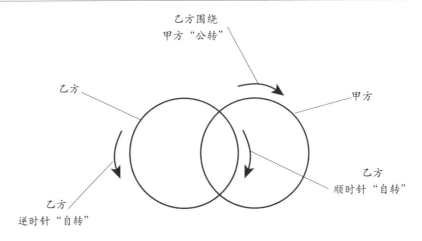

图 1-4 八卦掌的运动形式

可将八卦掌的运动轨迹归纳成"三圆运动"，即平圆运动、立圆运动和斜圆运动，这是一个在多维立体空间交叉的运动形式，见图 1-5。

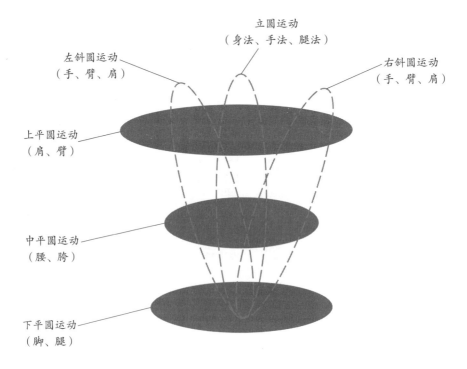

图 1-5 八卦掌的运动轨迹

平圆运动又可分为上平圆运动、中平圆运动、下平圆运动：上平圆运动为肩、臂的运动轨迹，如揉身掌的风摆杨柳；中平圆运动为腰、胯的运动轨迹，如双换掌的云掌；下平圆运动为脚、腿的运动轨迹，如转身掌的金龙缠身。

立圆运动又分为正面和背面两种运动轨迹，比较典型的立圆运动有双换掌的脑后摘盔。

斜圆运动又分为左斜圆运动和右斜圆运动：左斜圆运动为左半身的手、臂、肩等肢体的运动轨迹，如单换掌的左推脱带领；右斜圆运动为右半身的手、臂、肩等肢体的运动轨迹，如单换掌的右推脱带领。

如果细分，臂可分为肩、肘、手三节，用到此部位的掌法有揉身掌的浮云遮顶；身可分为肩、腰、胯三节，用到此部位的掌法有摩身掌的五龙洗爪；腿可分为胯、膝、脚三节，用到此部位的掌法有顺势掌的胸前挂印。

假设对方为攻击方甲，我为反击方乙。乙方要想有效反击甲方，就要围绕甲方走转以寻找有利位置，就像地球围绕太阳公转一样，选择好位置后要突然发力，此时，要以自身为轴迅速"自转"，以便在运动中发力。在整个运动过程中，体现出八卦掌之功。

掌法：推、托、带、领、搬、扣、劈、进、穿、闪、截、拦、刁、按、挂、切、滑、撞、拧、采、云、撩、抱、抹、插、削、挑、弹。

手法：撕、刨、捋、带。

腿法：摆、扣、趟、踩、勾、挂、提、点、踹、裹、叠、顶、擢、圈、藏、跪。

身法：拧、旋、钻、翻。

将八卦掌的特点表现得较明显的有转身掌。

三、八卦掌的技击特点

　　八卦掌的技击核心充分体现在四个字上：第一个字是"快"，即速度，速度至上，以快打慢，这是技击真理；第二个字是"偏"，即角度，避正就偏，以斜打正，这是其主要特点；第三个字是"点"，即力点，要找准平衡点，对准支撑点，以实现避实就虚、借力打力、四两拨千斤，这是技术，也是技巧；第四个字是"劲"，即整劲或劲路，劲路对了，才能有整劲，才能有脆劲，才能有化解力、穿透力，这是功夫，更是内功。八卦掌的发力特点以走圈为主，在运动中发力。其力点：滚、钻、挣、裹、接、弹、坐、顶、翻、刁、刺。八卦掌发出的力是一种复合力，有自身发出的内动力，有转圈产生的旋贯力，有力偶产生的螺旋力、拧旋力、滚动力和逆向力。这些力复合在一起由切线发出，并且发力时不用停顿，没有蓄力过程，发力要迅疾刚猛，有惊炸之功。所以，横劲、巧劲和脆劲是八卦掌发力中不可缺少的劲力。

　　平衡力与力偶不同，见图 1-6。

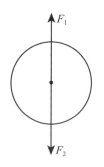

F 代表力。

$F_1 = F_2$。

F_1、F_2 是一对平衡力，其作用是使物体保持平衡。

（a）

AB、BC 同为力臂，AC 为力偶臂。

F 代表力。

$F_3 = F_4$。

F_3、F_4 组成的力系称为力偶，其作用是使物体转动。

（b）

图 1-6　平衡力和力偶

平衡力是作用在一条直线上的、大小相等且方向相反的一对力，它不能改变物体的运动状态。力偶是不作用在同一条直线上的、大小相等且方向相反的一对力，它的作用是使物体转动。练八卦掌时要走圈转动，使练习者在运动中通过自身发力产生力偶，其力偶臂为肩膀的宽度，右臂在向前发力时，左臂有一个向后的力，我称之为"逆向力"，它能使右臂的打击效果倍增。比如，练习者围绕目标顺时针走转时进行脑后摘盔，该动作一直要求在旋转中发力，并且有力偶作用。助力动作简练、迅捷、有力。

四、八卦掌与太极拳、形意拳的关系

八卦掌与太极拳、形意拳同属于内家拳。它们的拳理和发力特点基本相同，基本拳理都要求"内三合""外三合"，并遵循阴阳五行理论；发力行程都比较短，主要是靠练习者身体的螺旋拧转、拧裹抖弹产生爆发力和整劲，身体的各个关节以及整个身躯都是发力点。但三个拳种在表现形式上有差别：八卦掌走圈，从中完成偏中取胜的动作；太极拳走曲线，从中完成借力打力、四两拨千斤的动作；形意拳走直线，从中完成滚抱圆锤、硬打硬进的动作。其中，有些动作是可以互换的，或者是相似的。比如，在形意拳三才式的基础上，正面站立，身体下沉拧腰坐胯，两掌掌心向下，就是形意拳的劈掌；同样是正面站立，一个手掌放在胯侧，掌心向下，另一个手掌侧举，掌心向上或向外，就是太极拳的白鹤亮翅；在形意拳三才式的基础上侧转身45度或者90度，掌形基本不变，就是八卦掌的黄莺落地。又如，太极拳的野马分鬃与八卦掌的紫燕抛剪相似。所以，八卦掌与形意拳、太极拳在练法上或者用法上也是相似相通的，三者是你中有我、我中有你、互相转化、密不可分的关系，练习者要经常交替练习，组合而用。

五、格斗前的准备

格斗前，脑子里要有"阵法"，第一是心理，第二是站位，第三是方向。

第一，心理要强大，不要怯阵。第二，要抢占上位。站位又分为运动式和固定式。选择运动式站位，就要像李小龙那样不停地运动，选择有利位置迎击或进攻。固定式是本书重点介绍的站位形式，又分为自然站立式和三才式。其中，三才式又分为正架和反架。正架是阴阵，是双方以同侧脚在前站立对峙的架势，又叫同名脚，此"阵法"易攻难守；反架是阳阵，是双方以不同侧的脚在前站立对峙的架势，又叫异名脚，此"阵法"易守难攻。究竟选择什么站位？以哪侧脚在前站立？要根据具体情况，随机应变，临场发挥。一般不采用两脚不分前后站立在同一条横线上和对方对峙的架势。因此，正架与反架是准备格斗的基本站法。本书主要是演练，并且演练的是在不知对方以什么阵法出招的情况下发生的格斗，所以本书选择了双方相对自然站立的架势。第三，方向上要判断是正面迎击或进攻，还是侧面反击。如果对方体量大，可初步判断其力量也大，那么绝对不考虑正面迎击或进攻。即使对方体量不大，也尽量不要选择正面迎击或进攻，要以侧面反击为主。有了这个基本判断，无论是迎击还是进攻，脑子里对基本的手、眼、身、法、步就大概有数了。

高手格斗，手、眼、身、法、步是清晰到位的。尤其是八卦掌，它是在走圈运动中发力的，没有蓄力过程，步法尤为重要。步法要先到位，这叫抢地形；身法同时到位，这叫争得势；手法同时到位，这叫抓落实；眼法同时到位，这叫捕先机。所以，只有步法到了，才能得机得势，身法才出得来，手法才用得上。由此，我们才能从容不迫地迎敌致胜。

第二章
实用技击招法

说明

一是本书所阐述的实用技击招法都从防守反击入手，防守即攻，防中有攻，攻中有防。

二是假设主动进攻者为甲方，穿深色服装，以右手进攻为主。防守者为乙方，穿浅色服装。甲乙双方相距 80 厘米相对站立。个别情况下会出现起腿动作和乙方出手动作。

三是甲方出拳，基本都是右直拳。

四是虽然在掌法里有"拿"的动作，但本书主要是介绍掌法的。

五是每种招法基本包含接手和反击两个动作，或接手即反击，一气呵成。从这个意义上讲，也可以埋解为"一招制敌"。

一、八卦掌的实用腿法

一般来讲，八卦掌的腿法分为暗腿与明腿。暗腿是八卦掌的基本特色，有趟泥步、摆扣步、跪膝，如青龙返身中的提腿、云掌中的裹腿、猛虎回头中的虚提腿。明腿有怀中挂印、仆步游身、金龙伏地等。

（一）趟泥步

1. 趟泥步的招法之一

甲乙双方相对站立，见图 2-1（a）。甲方上右步出右拳击打乙方的胸部或面门，乙方迅速以仙人让路之式闪身，即外开左脚半步，右脚尖在左脚内侧点地，左掌立在右肩头前，右掌掌心向外贴在右腿旁，避开对方来袭，见图 2-1（b）。接上式，乙方右脚以趟泥步上步，搓踩甲方的右脚面或脚踝，穿右掌化解来袭之拳；动作不停，乙方以金龙吐珠之式，即扣左脚上步于甲方右侧，穿左掌经甲方右臂下托击其下颌，或用掌戳击其眼睛，见图 2-1（c）。

要点：乙方在用趟泥步进攻或运动时，要用丹田劲，并提胯将之送出。

（a）　　　　　　　（b）　　　　　　　（c）

图 2-1　趟泥步的招法之一

2. 趟泥步的招法之二

甲乙双方相对站立，见图 2-2（a）。甲方上右步出右拳击打乙方的胸部或面门，乙方迅速以趟泥步上步，扣左脚踩住对方的右脚面，同时左掌穿于甲方的右臂外侧肘关节处，右掌掌心向下，按于自身右胯外侧，见图 2-2（b）。接上式，乙方微扣左脚，右脚插步于甲方身体后侧，身体向右旋转180度，同时起右肘击打甲方的肩部或头部，见图 2-2（c）。

要点：乙方第一次扣左脚上步时角度要大，第二次微扣即可。踩脚面与化解来袭之拳的动作要同时做，并与右脚插步、转身协调一致。

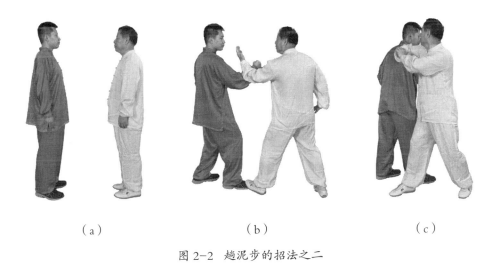

（a）　　　　　　　（b）　　　　　　　（c）

图 2-2　趟泥步的招法之二

3. 趟泥步的招法之三

甲乙双方相对站立，见图 2-3（a）。甲方上右步出右拳击打乙方的胸部或面门，乙方以趟泥步上步，扣左脚踩住对方右脚面，同时左掌穿于甲方的右臂外侧肘关节处化解来袭之拳，右掌掌心向下按于自身右胯外侧，见图 2-3（b）。接上式，乙方以左脚跟为轴，向右旋转180度，起右腿蹬击甲方右腿窝，见图 2-3（c）。

要点：基本与趟泥步的招法之二相同，不同的是趟泥步的招法之二是起肘，而招法之三是起脚。

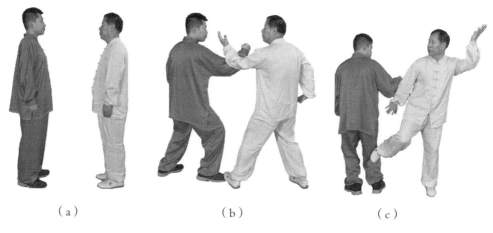

|（a）|（b）|（c）|

图 2-3　趟泥步的招法之三

（二）扣步

1. 扣步的招法之一

甲乙双方相对站立，见图 2-4（a）。甲方上右步出右拳击打乙方的胸部或面门，乙方迅速扣左脚上步于甲方的右脚跟后，脚尖点地，"吃住"甲方右腿，穿左掌接拿来袭之拳，见图 2-4（b）。接上式，乙方左腿跪膝，右手上架亮掌，见图 2-4（c）。

要点：乙方扣左脚要准，左脚扣步、脚尖点地的同时，要"吃住"甲方的右腿。

|（a）|（b）|（c）|

图 2-4　扣步的招法之一

2. 扣步的招法之二

甲乙双方相对站立，见图 2-5（a）。甲方上右步出右拳击打乙方的胸部或面门。乙方迅速扣左脚上步于甲方的右脚跟后，"吃住"其右腿，左掌穿于甲方右臂外侧化解来袭之拳，右掌按于甲方手腕，见图 2-5（b）。接上式，甲方右脚撤出，跪膝落空，乙方顺势将身体右转 180 度，起右脚蹬击甲方的左膝，见图 2-5（c）。

要点：乙方扣步要到位，准备实施跪膝。随着甲方撤出右脚、跪膝落空，乙方要即刻大幅度向右转身，蹬出右脚。

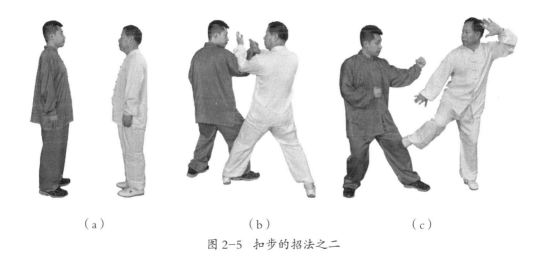

（a）　　　　　　　　　　（b）　　　　　　　　　　（c）

图 2-5　扣步的招法之二

（三）摆步

甲乙双方相对站立，见图 2-6（a）。甲力上右步出右拳击打乙方的胸部或面门，乙方迅速扣左脚上步于甲方的右侧，左掌穿于甲方右臂的外侧肘关节处，右掌刁拿甲方右手腕化解来袭之拳，见图 2-6（b）。接上式，乙方上右脚外摆，蹬踹甲方的右膝外侧，两臂外撑，左掌下按，右手外领，见图 2-6（c）。

要点：乙方刁腕要快，蹬甲方右膝要准。

（a）　　　　　　　　　　（b）　　　　　　　　　　（c）

图 2-6　摆步的招法

（四）跪膝

1. 跪膝的招法之一

　　甲乙双方相对站立，见图 2-7（a）。甲方上右步出右拳击打乙方的胸部或面门，乙方迅速扣左脚上步于甲方的右脚跟后，左掌穿于甲方右臂外侧化解来袭之拳，右掌附于甲方右手腕，见图 2-7（b）。接上式，乙方右手拿住并前领甲方右手腕，左掌按于甲方右肩，左腿跪膝顶击甲方右膝外侧，使甲方倾倒，见图 2-7（c）。

　　要点：上步、穿掌、跪膝三个动作要快速、协调。

（a）　　　　　　　　　　（b）　　　　　　　　　　（c）

图 2-7　跪膝的招法之一

2. 跪膝的招法之二

甲乙双方相对站立，见图 2-8（a）。若乙方按上述动作（跪膝的招法之一）跪膝时，见图 2-8（b），甲方撤出右脚，乙方即刻右脚插步屈右肘，随身体右后转击打甲方的头部，见图 2-8（c）。

要点：乙方右脚插步、随势转身要快。

（a）　　　　　　　　　　（b）　　　　　　　　　　（c）

图 2-8　跪膝的招法之二

（五）胸前挂印

1. 胸前挂印的招法之一

甲乙双方相对站立，见图 2-9（a）。甲方上右步出右拳击打乙方的胸部或面门，乙方迅速撤右脚，穿左掌于甲方的右臂外侧，扣掌下压，侧身化解来袭之拳，右手上架亮掌，重心落于右脚，见图 2-9（b）。动作不停，乙方将重心移至左脚，起右脚点击甲方的胸部，穿右掌于右腿之上，左掌扣于右肘窝处，见图 2-9（c）。

要点：乙方穿左掌时要压住甲方的右前臂，撤右脚时重心要右移。之后，重心要左移，起右脚点击时要挺身。

（a）　　　　　　　　（b）　　　　　　　（c）

图 2-9　胸前挂印的招法之一

2.胸前挂印的招法之二

甲乙双方相对站立，见图 2-10（a）。甲方上右步出右拳击打乙方的面门，乙方迅速摆右脚上步于甲方的右脚外侧，起两掌，右掌向里，左掌向外，成莲花手捧接来袭之拳，见图 2-10（b）。动作不停，乙方两掌即刻向右侧带领，同时起左腿，随右转身用膝顶击甲方的右腋下，或蹬左脚击打甲方的右肋，见图 2-10（c）。

要点：乙方转身顶膝或蹬脚要一气呵成。

（a）　　　　　　　　（b）　　　　　　　（c）

图 2-10　胸前挂印的招法之二

（六）青龙返身腿法

1. 青龙返身腿法之一——顶

甲乙双方相对站立，见图 2-11（a）。甲方上右步出右拳击打乙方的胸部或面门，乙方迅速摆左脚上步向左闪身，起双手抱住来袭之拳并外领，见图 2-11（b）。接上式，乙方以青龙返身之式，即以左脚为轴向左转身90 度，起右膝顶击甲方的小腹或胸部，见图 2-11（c）。

要点：乙方顶膝时要挺身，外领甲方右臂与顶膝形成对撑之势。

（a）　　　　　　　　　（b）　　　　　　　　　（c）

图 2-11　青龙返身腿法之一——顶

2. 青龙返身腿法之二——踹

甲乙双方相对站立，见图 2-12（a）。甲方上右步出右拳击打乙方的胸部或面门，乙方迅速摆左脚上步向左闪身，起双手抱住来袭之拳并外领，见图 2-12（b）。接上式，乙方以青龙返身之式，即以左脚为轴向左转身90 度，起右脚踹击甲方的右腿，见图 2-12（c）。

要点：与"青龙返身腿法之一——顶"的要点相同。

（a）　　　　　　　　　（b）　　　　　　　　　（c）

图 2-12　青龙返身腿法之二——踹

（七）猛虎回头

1.猛虎回头的招法之一

甲乙双方相对站立，见图 2-13（a）。甲方上右步出右拳击打乙方的胸部或面门，乙方迅速扣左脚上步于甲方的右侧，起右掌于甲方右臂外侧化解来袭之拳，同时起左掌，掌心向下按于自己右上臂内侧，提右膝顶击甲方的右肋，见图 2-13（b）。动作不停，左脚独立支撑身体左转，右回头，两掌分开对撑，右手拿住甲方的手腕并外领，右脚蹬踹甲方的右膝外侧，见图 2-13（c）。

要点：乙方扣左脚上步与提右膝要同步，转身、蹬右脚要连贯。

（a）　　　　　　　　　（b）　　　　　　　　　（c）

图 2-13　猛虎回头的招法之一

2.猛虎回头的招法之二

甲乙双方相对站立，见图 2-14（a）。甲方上右步出右拳击打乙方的胸部或面门，乙方迅速扣左脚上步于甲方的右侧，起右掌于甲方的右臂外侧化解来袭之拳，同时起左掌，掌心向下按于自己右上臂内侧，身体微左转，提右膝顶击甲方的右肋，见图 2-14（b）。若甲方撤右脚闪开，乙方迅速左转身 90 度，右回头，两掌分开对撑，右脚蹬击甲方身体中部，见图 2-14（c）。

要点：乙方在左转身、蹬右脚时，要拧腰送胯。

（a）　　　　　　　　　（b）　　　　　　　　　（c）

图 2-14　猛虎回头的招法之二

二、八卦掌的实用掌法

（一）起势的招法

甲乙双方相对站立，见图 2-15（a）。甲方上右步出右拳击打乙方的胸部或面门，乙方迅速扣左脚上步于甲方右脚外侧，两掌于自己胸前交叉上举迎甲方来袭之拳，见图 2-15（b）。接上式，乙方上右步，两掌分开，在拨开甲方右拳的同时，收于自己的胸前变双撞掌，向甲方的胸部迅速推出，使甲方向后跌倒，见图 2-15（c）。

要点：在乙方接手化解来袭之拳后，从上右步转换为双撞掌推出要及时、迅猛。

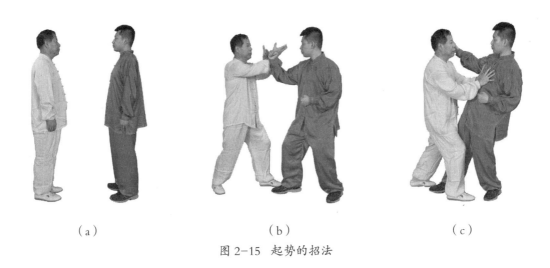

（a）　　　　　　　　（b）　　　　　　　　（c）

图 2-15　起势的招法

（二）叶底藏花的招法

甲乙双方相对站立，见图 2-16（a）。甲方上右脚出右拳击打乙方的胸部或面门，乙方迅速扣左脚上步于甲方的右脚之后，以左叶底藏花之式，即右转身，左掌顺甲方右臂内侧穿出，前臂与甲方的前臂重合并向自己的右腋下推出化解来袭之拳，右掌掌心向外立于自己的左肩前，见图 2-16（b）。接上式，乙方左转身，右掌接拿甲方的右手腕，左掌外旋击打甲方的下颌，见图 2-16（c）。

要点：乙方扣左脚上步要到位，以左叶底藏花之式化解来袭之拳，然后左转身，以紫燕抛剪之式击打甲方面部。

（a）　　　　　　　　　　（b）　　　　　　　　　　（c）

图2-16　叶底藏花的招法

（三）紫燕抛剪的招法

甲乙双方相对站立，见图2-17（a）。甲方上右步出右拳击打乙方的胸部或面门，乙方迅速摆右脚上步于甲方的右侧，右掌穿于甲方的右臂外侧接拿来袭之拳，见图2-17（b）。接上式，乙方扣左脚上步于甲方身后，左掌经甲方的右腋下穿出，随左转身将甲方摔出，见图2-17（c）。

要点：乙方做摆扣步时要迅速协调，做紫燕抛剪动作时要拧腰坐胯。

（a）　　　　　　　　　　（b）　　　　　　　　　　（c）

图2-17　紫燕抛剪的招法

（四）推托带领的招法

1. 推托带领的招法之一

甲乙双方相对站立，见图 2-18（a）。甲方起右脚蹬踢乙方的裆部或小腹，乙方迅速扣左脚上步踩于甲方的中线，左掌外旋拦截来袭之脚，见图 2-18（b）。接上式，乙方上右步，穿右掌上托甲方的下颌，使甲方跌倒，见图 2-18（c）。

要点：乙方上右步进身要果断，托掌要迅速。

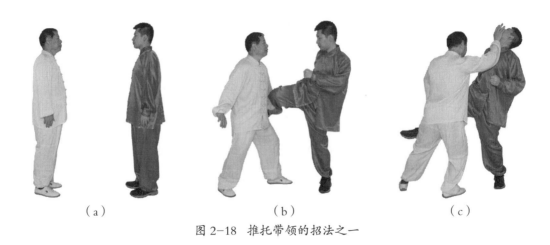

（a）　　　　　　　　（b）　　　　　　　　（c）

图 2-18　推托带领的招法之一

2. 推托带领的招法之二

甲乙双方相对站立，见图 2-19（a）。甲方上右步出右拳击打乙方的胸部或面门，乙方迅速摆右脚上步于甲方的右侧，穿右掌接拿甲方的右手腕化解来袭之拳，见图 2-19（b）。接上式，乙方的右手向外带领甲方的手腕，同时扣左脚上步于甲方的右后侧，右转身，左掌切甲方的右肘，见图 2-19（c）。

要点：乙方转身、带领要快速、协调。

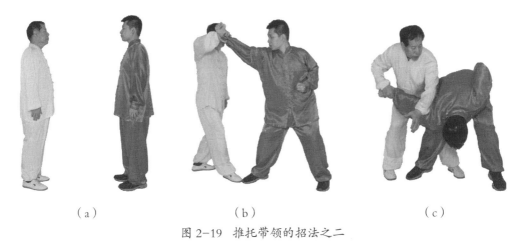

|（a） | （b） | （c） |

图 2-19 推托带领的招法之二

（五）上步双穿掌的招法

甲乙双方相对站立，见图 2-20（a）。甲方上右步出右拳击打乙方的胸部或面门，乙方摆左脚上步于甲方的右脚外侧，穿两掌，即左掌穿于甲方的右前臂内侧化解来袭之拳，右掌穿于甲方的右肩处，见图 2-20（b）。接上式，乙方起右膝，左转身，左掌随之抓住甲方的右臂向外带领，右掌抓住甲方的肩部或脖颈向里带领，掌部动作与起右膝相合，击中甲方，见图 2-20（c）。

要点：乙方摆左脚上步要到位，穿左掌时要外撑，穿右掌时要到达甲方的肩部。

|（a） | （b） | （c） |

图 2-20 上步双穿掌的招法

（六）上步三盘掌的招法

甲乙双方相对站立，见图2-21（a）。甲方上右步出右拳击打乙方的胸部或面门，乙方迅速扣左脚上步于甲方的右脚外侧，左掌穿于甲方的右臂内侧化解来袭之拳，见图2-21（b）。乙方的左掌继续上穿，同时右掌击打甲方的胸部或面门，见图2-21（c）。甲方向后闪身躲开乙方的推掌，乙方右掌迅速翻掌撤回外撑或附于腰间，左掌扣于甲方的右前臂上，并沿甲方前臂迅速向其右腹股沟切出，使甲方跌倒，见图2-21（d）。

要点：乙方的上步穿掌、推掌、马步切掌动作要迅速连贯。

（a）　　　　　　　　　（b）

（c）　　　　　　　　　（d）

图2-21　上步三盘掌的招法

（七）上步三穿掌的招法

甲乙双方相对站立，见图2-22（a）。甲方上右步出右拳击打乙方的胸部和面门，乙方扣右脚上步于甲方的右侧，右掌穿于甲方的右臂外侧化解来袭之拳，左掌按于左胯旁，见图2-22（b）。接上式，乙方扣左脚上步，穿左掌于甲方的右上臂内侧，见图2-22（c）。动作不停，乙方身体微左转，左掌随之上穿并向外带领甲方的右臂，右掌推出并击打甲方的胸部，见图2-22（d）。

要点：乙方上右（左）步与穿右（左）掌要同步且协调。

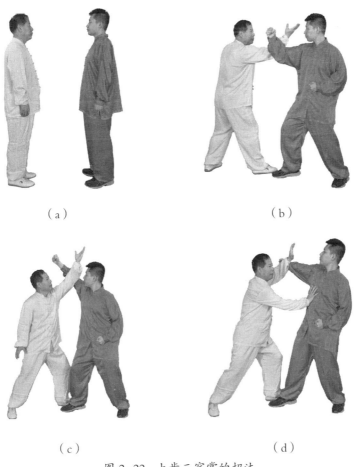

（a）

（b）

（c）

（d）

图2-22 上步三穿掌的招法

（八）脑后摘盔的招法

1. 脑后摘盔的招法之一

甲乙双方相对站立，见图 2-23（a）。甲方上右步出右拳击打乙方的胸部或面门，乙方迅速扣左脚上步于甲方的右脚外侧，同时穿两掌化解来袭之拳，见图 2-23（b）。接上式，乙方左脚向前垫半步，右脚跟步，双手将甲方右臂上举，同时进身，左肩顶在甲方右腋下；乙方动作不停，撤右步，右转身，以左脑后摘盔之式，即双手控制住甲方右臂，随后右转身将甲方右臂于头后过肩，左臀提顶下腰，双手向下扣按，将甲方过肩摔于面前，见图 2-23（c）。

要点：乙方右转身、提左臀要迅速协调。

（a）　　　　　　　　（b）　　　　　　　　（c）

图 2-23　脑后摘盔的招法之一

2. 脑后摘盔的招法之二

甲乙双方相对站立，见图 2-24（a）。甲方上右步出右拳击打乙方的胸部或面门，乙方迅速扣左脚上步于甲方的右脚外侧，左掌穿于甲方右臂外侧化解来袭之拳，见图 2-24（b）。接上式，乙方左掌外挂甲方右拳，上右步于甲方右脚之后，以右脑后摘盔之式，即右掌从甲方的脖颈左侧穿过，两手配合左转身扣手，下腰，将甲方摔出，见图 2-24（c）。

要点：乙方上右步、穿右掌要快速协调。

（a） （b） （c）

图 2-24 脑后摘盔的招法之二

3. 脑后摘盔的招法之三

甲乙双方相对站立，见图 2-25（a）。甲方上右步出右拳击打乙方的胸部或面门，乙方迅速扣右脚上步于甲方的右脚外侧，右掌穿于甲方右臂外侧化解来袭之拳，见图 2-25（b）。接上式，乙方左脚插步于甲方身后，随之左转以左脑后摘盔之式，即左掌外旋从自己左腋下穿出并于甲方的脑后向前扣出，使甲跌倒，见图 2-25（c）。若甲方后撤并出左拳击打，见图 2-25（d），乙方则扣住甲方左臂并下按，以此进行反击，见图 2-25（e）。

要点：乙方左脚插步与左穿掌、扣掌要协调一致，第二次反击动作要迅速连贯。

（a） （b） （c）

图 2-25 脑后摘盔的招法之三

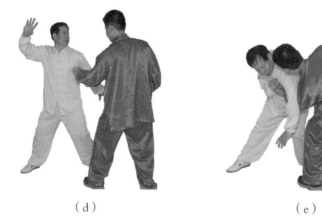

（d） （e）

图 2-25　脑后摘盔的招法之三（续）

4. 脑后摘盔的招法之四

甲乙双方相对站立，见图 2-26（a）。甲方上右步出右拳击打乙方的胸部或面门，乙方迅速扣左脚上步于甲方的右脚外侧，左掌穿于甲方的右臂外侧拦击来袭之拳，见图 2-26（b）。动作不停，乙方左掌内旋缠拿甲方的右臂，同时撤右步、右转身，以左脑后摘盔之式，将甲方摔出，见图 2-26（c）。

要点：乙方在左掌缠拿甲方的右臂后要向前探身，左掌裹缠甲方右臂上穿的同时要与撤右步、右转身动作协调配合。

（a） （b） （c）

图 2-26　脑后摘盔的招法之四

（九）双撞掌的招法

甲乙双方相对站立，见图2-27（a）。甲方上右步出右拳击打乙方的胸部或面门，乙方迅速扣左脚上步于甲方的右脚外侧，上穿两掌，即左掌穿于甲方的右臂内侧化解来袭之拳，穿右掌以防止甲方用左拳袭击，见图2-27（b）。接上式，乙方上右步踩于甲方的中线，两掌继续上穿沿弧线收于胸前，随势向甲方的胸部推出，使甲方跌倒，见图2-27（c）。

要点：乙方要借上左右步之势完成双撞掌动作。

（a）　　　　　　　　（b）　　　　　　　　（c）

图2-27　双撞掌的招法

（十）白猿献果的招法

甲乙双方相对站立，见图2-28（a）。甲方上右步出右拳击打乙方的胸部或面门，乙方迅速扣左脚上步于甲方的右侧，起两掌于自己胸前交叉上穿，掌心向内，迎接来袭之拳，见图2-28（b）。接上式，乙方两掌继续沿弧线向两侧分开，同时上右步，两掌变莲花掌，掌心相对，向甲方的下颌捧出，使甲方跌倒，见图2-28（c）。

要点：乙方由上左步转换成上右步要快速，两掌接来袭之拳后要迅速高举，只有破坏甲方重心的稳定性，借势托掌才可成功。

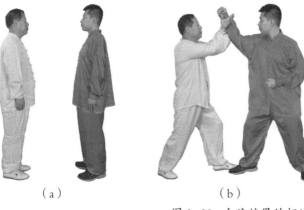

（a）　　　　　　　　　（b）　　　　　　　　　（c）

图 2-28　白猿献果的招法

（十一）金龙伏地的招法

甲乙双方相对站立，见图 2-29（a）。甲方上右步出右拳击打乙方的
胸部或面门，乙方迅速扣左脚上步于甲方的右前侧，左掌穿于甲方的右臂
外侧化解来袭之拳，见图 2-29（b）。接上式，乙方的左掌缠拿甲方的右
臂并向斜上方带领；乙方动作不停，以金龙伏地之式，即上右脚于甲方的
裆前，右掌顺势插裆上撩，同时左右两掌相合，配合起身微左转动作将甲
方腾空摔出，见图 2-29（c）。

要点：乙方左掌带领甲方右拳要快速准确，右脚上步与右掌插裆要协
调到位。

（a）　　　　　　　　　（b）　　　　　　　　　（c）

图 2-29　金龙伏地的招法

（十二）青龙返身的招法

甲乙双方相对站立，见图2-30（a）。甲方上右步出右拳击打乙方的胸部或面门，乙方迅速摆左脚上步于甲方的右脚外侧，穿两掌，即左掌穿于甲方的右肘之下，右掌掌心向外接住来袭之拳，见图2-30（b）。接上式，乙方上右步踩于甲方的中线，左转身，左掌于甲方上臂内侧上穿，右掌沿右弧线下行拍击甲方的腹部，见图2-30（c）。

要点：乙方左右步转换要迅速、协调，并与重心转移同步。

（a）　　　　　　　　　（b）　　　　　　　　　（c）

图2-30　青龙返身的招法

（十三）撩阴掌的招法

甲乙双方相对站立，见图2-31（a）。甲方上右步出右拳击打乙方的胸部或面门，乙方迅速摆左脚上步于甲方的右脚外侧，左掌穿于甲方的右臂内侧化解来袭之拳，见图2-31（b）。接上式，乙方的左掌拿住甲方的右手腕并向外带领；乙方动作不停，上右脚于甲方的裆前，右掌顺势插裆向上撩击甲方，见图2-31（c）。

要点：乙方左掌化解来袭之拳后要外撑，顺势上右步要快，不给甲方起左手的时间。

（a） （b） （c）

图 2-31 撩阴掌的招法

（十四）上右步穿掌的招法

1. 上右步穿掌的招法之一

甲乙双方相对站立，见图 2-32（a）。甲方上右步出右拳击打乙方的胸部或面门，乙方迅速扣右脚上步于甲方的外侧，右掌穿于甲方的右臂外侧挡来袭之拳，左掌按于身体左侧，见图 2-32（b）。接上式，乙方扣左脚上步，穿左掌于甲方的右上臂内侧，并将甲方的右臂外挂，右手准备攻击，见图 2-32（c）。若甲方撤步，乙方则即刻上右脚踩于甲方的中线，借势起右肘横击甲方的脸部或胸部，左掌变拳扣于右肘下，见图 2-32（d）。

要点：乙方上右（左）步和穿右（左）掌之间的转换要快捷灵活。

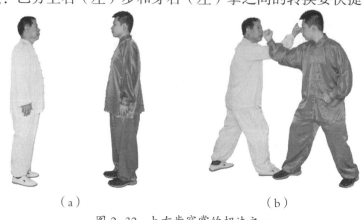

（a） （b）

图 2-32 上右步穿掌的招法之一

（c）　　　　　　　　　　　　　　　（d）

图 2-32　上右步穿掌的招法之一（续）

2. 上右步穿掌的招法之二

甲乙双方相对站立，见图 2-33（a）。甲方上右步出右拳击打乙方的胸部或面门，乙方迅速扣右脚上步于甲方的外侧，右掌穿于甲方的右臂外侧化解来袭之拳，见图 2-33（b）。接上式，甲方撤右步和右拳，欲出左拳反击，乙方左脚插步，转身 180 度，左掌外旋沿大弧线劈击甲方的头部或脖颈，见图 2-33（c）。

要点：乙方要借上右步之势，在甲方撤步时，左脚快速插步、转身 180 度，左掌要沿大弧线劈击甲方的头部或脖颈。

（a）　　　　　　　　　　（b）　　　　　　　　　　（c）

图 2-33　上右步穿掌的招法之二

3. 上右步穿掌的招法之三

甲乙双方相对站立，见图2-34（a）。甲方上右步出右拳击打乙方的胸部或面门，乙方迅速摆右脚上步于甲方的外侧，右掌穿于甲方的右臂外侧化解来袭之拳，见图2-34（b）。动作不停，乙方扣左脚上步于甲方的右后侧，左掌于甲方的右上臂内侧上穿，见图2-34（c）。接上式，乙方右掌下插于甲方的右腿外侧，右转身，两掌相合将甲方摔出，见图2-34（d）。该动作又称挑腿摔。

要点：乙方摆右脚、扣左脚的动作要到位，右掌与左掌交换要迅速连贯，右掌要随右转挺腰变为挑掌。

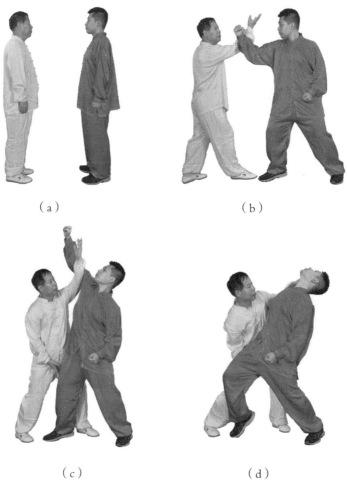

（a）   （b）

（c）   （d）

图2-34　上右步穿掌的招法之三

4. 上右步穿掌的招法之四

甲乙双方相对站立，见图2-35（a）。甲方上右步出右拳击打乙方的胸部或面门，乙方迅速摆右脚上步于甲方的外侧，右掌穿于甲方右臂外侧化解来袭之拳，见图2-35（b）。动作不停，乙方扣左脚上步于甲方的右后侧，左掌于甲方的右上臂内侧上穿，重心移至左脚，用左肩靠击甲方，见图2-35（c）。该动作又称肩靠。

要点：乙方摆右脚、扣左脚的动作要到位，靠击主要用肩，同时挺腰。

（a）　　　　　　　　　（b）　　　　　　　　　（c）

图2-35　上右步穿掌的招法之四

（十五）上左步穿掌的招法

1. 上左步穿掌的招法之一

甲乙双方相对站立，见图2-36（a）。甲方上右步出右拳击打乙方的胸部或面门，乙方迅速扣左脚上步于甲方的右侧，右掌穿于甲方右臂外侧刁拿甲方的右手腕，用力将甲方手腕往自己胸前带领的同时右转身，见图2-36（b）。接上式，乙方起左掌于甲方的右肘关节外侧，配合右手横击，制服甲方，见图2-36（c）。

要点：乙方右手刁腕与右转身要快速、协调。

（a） （b） （c）

图 2-36 上左步穿掌的招法之一

2. 上左步穿掌的招法之二

甲乙双方相对站立，见图 2-37（a）。甲方上右步出右拳击打乙方的胸部或面门，乙方迅速摆左脚上步于甲方的右侧，左掌穿于甲方的右臂内侧化解来袭之拳，见图 2-37（b）。动作不停，乙方左掌外旋带领甲方的右前臂，上右步踩于甲方的中线，右掌沿大弧线上行，砍击甲方的脖颈或与左掌相合把甲方摔出，见图 2-37（c）。

要点：乙方摆左脚上步要到位，左掌外旋带领甲方的右臂时要快速，右掌劈击要随势。

（a） （b） （c）

图 2-37 上左步穿掌的招法之二

3. 上左步穿掌的招法之三

甲乙双方相对站立，见图 2-38（a）。甲方上右步出右拳击打乙方的胸部或面门，乙方迅速扣左脚上步于甲方的右侧，穿左掌接拿甲方的右臂化解来袭之拳，右掌按于自身右侧，见图 2-38（b）。动作不停，乙方以左掌外挂甲方的右臂，上右步踩于甲方的中线，右掌穿至甲方的头部右侧，并随身体右转，砍击甲方的脖颈，左掌外领甲方的右臂，见图 2-38（c）。

要点：乙方在以左手接拿甲方来袭之拳的同时，要外领甲方的右臂，随即上右脚进身。

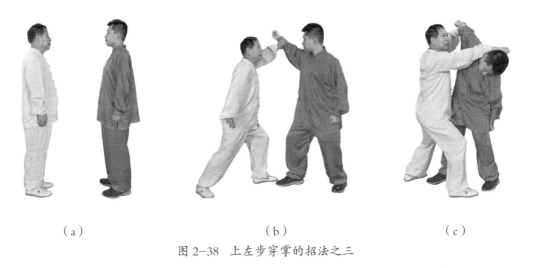

（a）　　　　　　　　　（b）　　　　　　　　　（c）

图 2-38　上左步穿掌的招法之三

（十六）霸王托鼎的招法

1. 霸王托鼎的招法之一

甲乙双方相对站立，见图 2-39（a）。甲方上右步出右拳击打乙方的胸部或面门，乙方迅速扣左脚上步于甲方的右侧，左掌穿于甲方的右前臂，掌心向上托举甲方的右臂化解来袭之拳，右掌按于自身右胯，见图 2-39（b）。动作不停，乙方左脚向前垫半步，右脚跟步，左臂顺势屈肘顶击甲方的咽喉，右掌抵住左拳，见图 2-39（c）。

要点：乙方托住甲方右臂的动作要稳，垫步、跟步要快速且协调。

　（a）　　　　　　　　　　（b）　　　　　　　　　　（c）

图 2-39　霸王托鼎的招法之一

2.霸王托鼎的招法之二

甲乙双方相对站立，见图 2-40（a）。甲方上右脚出右拳击打乙方的胸部或面门，乙方迅速扣左脚上步于甲方的右侧，左掌穿于甲方的右臂之下，向上托举甲方的右臂化解来袭之拳，右掌按于自身右后侧，见图 2-40（b）。接上式，乙方以金龙缠身（自缠）之式，即右脚插步于甲方的身后，右掌随右转身经自身腋下向甲方的胸前穿出，并立刻左转身缠捆甲方，将甲方摔出，见图 2-40（c）。

要点：乙方扣左脚的角度要大，以便向右转身，右脚插步要到位，右掌要随右转身顺势从自身后侧迅速穿于甲方的胸前，整个动作不要松散。

（a）　　　　　　　　　　（b）　　　　　　　　　　（c）

图 2-40　霸王托鼎的招法之二

3. 霸王托鼎的招法之三

甲方双方相对站立，见图 2-41（a）。甲方上右步出右拳击打乙方的胸部或面门，乙方迅速扣左脚上步于甲方身前，穿左掌托拿甲方的右臂，右掌按于自身右侧，见图 2-41（b）。动作不停，乙方右脚插步，进身贴住甲方，右转身，身体前倾，左掌沿右弧线下行拍击甲方的腹部，右掌沿左弧线外撑，或上架于头顶亮掌，见图 2-41（c）。

要点：乙方扣左脚的角度要大，托掌要稳，右插步要到位。

（a）　　　　　　　　　　（b）　　　　　　　　　　（c）

图 2-41　霸王托鼎的招法之三

（十七）云掌的招法

1. 云掌的招法之一

甲乙双方相对站立，见图2-42（a）。甲方上右步出右拳击打乙方的胸部或面门，乙方迅速扣左脚上步于甲方的右侧，左掌穿于甲方的右臂外侧化解来袭之拳，见图2-42（b）。动作不停，乙方以左云掌外挂甲方的右拳，上右脚踩于甲方的中线，出右云掌砍击甲方的颈部，见图2-42（c）。

要点：乙方的左右云掌要协调，左挂右砍。

（a）　　　　　　　　　（b）　　　　　　　　　（c）

图2-42　云掌的招法之一

2. 云掌的招法之二

甲乙双方相对站立，见图2-43（a）。甲方上右步出右拳击打乙方的胸部或面门，乙方迅速摆右脚上步于甲方的右侧，穿右掌化解来袭之拳，见图2-43（b）。接上式，乙方右掌刁拿甲方的右手腕并向右侧带领。同时，乙方扣左脚上步于甲方的身后，左掌经甲方的脖颈左侧穿出并扳住其下颌，左右掌相互配合，左扳右领，见图2-43（c）。

要点：乙方摆右脚与扣左脚一定要做到协调到位。

（a）　　　　　　　　　　（b）　　　　　　　　　（c）

图 2-43　云掌的招法之二

（十八）五龙探爪的招法

甲乙双方相对站立，见图 2-44（a）。甲方上右步出右拳击打乙方的胸部或面门，乙方以仙人让路之式闪开来袭之拳，即迅速扣左脚上步于甲方的右前方，重心移至左脚，右脚于左脚内侧点地，身体左闪，左掌立于右肩头，右掌贴于右腿外侧，见图 2-44（b）。接上式，乙方摆右脚上步于甲方的右前方，起右掌劈击甲方的脖颈或面门，见图 2-44（c）。接上式，甲方闪身躲开，乙方随即用左俯掌插击甲方的喉咙或眼睛，见图 2-44（d）。

要点：乙方闪身、劈掌、插掌时要快速、协调、到位。

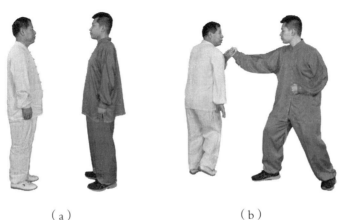

（a）　　　　　　　　　　　　（b）

图 2-44　五龙探爪的招法

（c）   （d）

图 2-44 五龙探爪的招法（续）

（十九）鹞子钻天的招法

1. 鹞子钻天的招法之一

甲乙双方相对站立，见图 2-45（a）。甲方上右步出右拳击打乙方的胸部或面门，乙方迅速扣左脚上步，独立于甲方的右侧，身体右转 90 度，左掌上穿于甲方的右上臂内侧化解来袭之拳，右掌下插于自己体侧，两掌对撑，见图 2-45（b）。动作不停，乙方右脚插步于甲方的身后，同时左转身，右掌从甲方的右腋下穿至其胸部，随后左转身，左右掌配合用力，使甲方仰倒，见图 2-45（c）。

要点：乙方扣左脚的角度要大，并且左掌上穿进身时，要尽量贴近甲方，同时挺身扛住甲方的上臂。

（a）

（b）

（c）

图 2-45 鹞子钻天的招法之一

2. 鹞子钻天的招法之二

甲乙双方相对站立，见图 2-46（a）。甲方上右步出右拳击打乙方的
胸部或面门，乙方迅速扣左脚上步，独立于甲方的右侧，身体右转 90 度，
左掌上穿于甲方的右上臂内侧化解来袭之拳，右掌下插于自己体侧，两掌
对撑，见图 2-46（b）。接上式，乙方继续进身并前倾身体，左臂夹住甲
方的头，右脚后落，右转身，顶左胯，将甲方摔出，见图 2-46（c）。

要点：乙方上左步的动作要到位，进身时要贴住甲方。

（a）

（b）

（c）

图 2-46 鹞子钻天的招法之二

（二十）回头望月的招法

1. 回头望月的招法之一

甲乙双方相对站立，见图 2-47（a）。甲方上右步出右拳击打乙方的胸部或面门，乙方迅速扣左脚上步于甲方的右侧，左掌穿于甲方的右臂外侧化解来袭之拳，见图 2-47（b）。动作不停，乙方右脚插步于甲方的后侧，在两掌上穿至交叉之际身体右转，随后两掌在胸前画平圆向甲方背部拍出，见图 2-47（c）。

要点：乙方扣左脚的角度要大，右脚插步要连贯到位，右转身要快。

（a）　　　　　　　　（b）　　　　　　　　（c）

图 2-47　回头望月的招法之一

2. 回头望月的招法之二

甲乙双方相对站立，见图 2-48（a）。甲方上右步出右拳击打乙方的胸部或面门，乙方迅速摆右脚上步于甲方的右脚外侧，右掌穿于甲方的右臂外侧化解来袭之拳，见图 2-48（b）。乙方顺势扣左脚上步于甲方身后，以回头望月之式拍打其后背，见图 2-48（c）。

要点：乙方扣左脚的角度要大，左右脚扣摆换步时要灵活到位。

（a） （b） （c）

图 2-48 回头望月的招法之二

（二十一）力劈华山的招法

甲乙双方相对站立，见图 2-49（a）。甲方上右步出右拳击打乙方的胸部或面门，乙方以仙人让路之式左闪身，即活左步，左掌外旋于右肩前，掌心向右，右掌外旋掌心向后贴于身体右侧，见图 2-49（b）。动作不停，乙方上右步落于甲方的右侧，起右掌沿左弧线劈向甲方的肩头或面门，击中甲方，见图 2-49（c）。

要点：乙方左闪身要快，上右脚要到位。

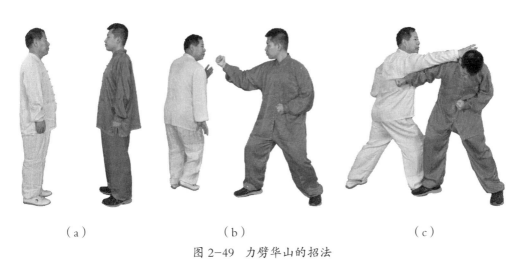

（a） （b） （c）

图 2-49 力劈华山的招法

（二十二）风摆杨柳的招法

甲乙双方相对站立，见图2-50（a）。甲方上右步出右拳击打乙方的胸部或面门，乙方迅速扣右脚上步于甲方的右侧，穿右掌于甲方的右臂外侧化解来袭之拳，见图2-50（b）。接上式，乙方以风摆杨柳之式攻击甲方的右肋或胸部，即左脚插步于甲方的右侧，左转身180度，左掌穿于自己的右前臂下形成剪子手，随身体左转，在胸前由平圆转立圆，两掌向甲方的胸前拍出，见图2-50（c）。

要点：身法与手法要密切配合。

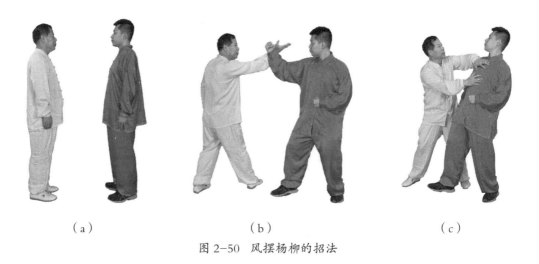

| （a） | （b） | （c） |

图 2-50　风摆杨柳的招法

（二十三）踏掌的招法

甲乙双方相对站立，见图2-51（a）。甲方上右步出右拳击打乙方的胸部或面门，乙方迅速扣左脚上步于甲方的右侧，穿两掌，掌心向上，右掌穿于甲方的前臂之上，左掌穿于甲方的右臂外侧以化解来袭之拳，见图2-51（b）。接上式，乙方上右步踩于甲方的中线，左掌向外带领甲方的右臂，右掌继续穿至甲方的右腿根处或腹部变踏掌击打甲方，随后左掌上领甲方的右臂，见图2-51（c）。

要点：乙方带领甲方的右臂时要稳、准，上步踏掌要快速。

（a）   （b）   （c）

图 2-51 踏掌的招法

三、八卦掌动桩的实用招法

（一）推山桩的招法

甲乙双方相对站立，见图 2-52（a）。甲方上右步出右拳击打乙方的胸部或面门，乙方扣右脚于甲方的右脚内侧，左右掌穿于胸前交叉接化来袭之拳，见图 2-52（b）。接上式，乙方扣左脚于甲方的右侧，以双手抱球之式在胸前画立圆，随右转身拍击甲方的右肋或胸部，见图 2-52（c）。

要点：乙方左右扣步要迅速到位，要随重心转移推出两掌。

（a）   （b）   （c）

图 2-52 推山桩的招法

（二）双拍桩的招法

甲乙双方相对站立，见图2-53（a）。甲方上右步出右拳击打乙方的胸部或面门。乙方扣右脚于甲方的右脚外侧，右掌穿于甲方右臂外侧化解来袭之拳，见图2-53（b）。接上式，乙方扣左脚于甲方右后侧，左掌于右掌下穿出，两掌在胸前画立圆，随右转身拍击甲方的后背，见图2-53（c）。

要点：乙方左右扣步要迅速，左右掌穿插画圆与右转身要协调。

（a）　　　　　　　　　　　（b）　　　　　　　　　　　（c）

图2-53　双拍桩的招法

（三）缠身桩的招法

甲乙双方相对站立，见图2-54（a）。甲方上右步出右拳击打乙方的胸部和面门，乙方扣左脚于甲方的右脚外侧，左掌穿于甲方右臂外侧化解来袭之拳，见图2-54（b）。接上式，乙方右脚插步于甲方身体右后侧，右掌从甲方的右腋下穿至其胸前，左右掌相合，配合左转身，将甲方摔出，见图2-54（c）。

要点：乙方扣左脚的角度要大，和右脚插步要协调到位。

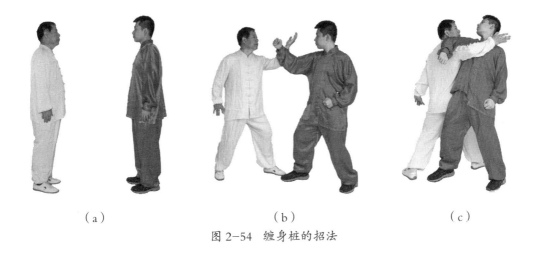

（a）　　　　　　　　　　　（b）　　　　　　　　　　　（c）

图 2-54　缠身桩的招法

四、八卦掌的擒拿摔打

（一）穿右掌刁腕切肘拿法

甲乙双方相对站立，见图 2-55（a）。甲方上右步出右拳击打乙方的胸部或面门，乙方迅速扣左脚上步于甲方的右侧，右掌穿于甲方右臂外侧化解来袭之拳，见图 2-55（b）。接上式，乙方右掌外旋刁住甲方的手腕，同时扣左脚上步于甲方的右侧，左掌穿至甲方的右臂肘关节外侧，双手配合右转身拿摔甲方，见图 2-55（c）。

要点：乙方扣左脚要到位，右掌刁腕要稳，左掌切肘要准。

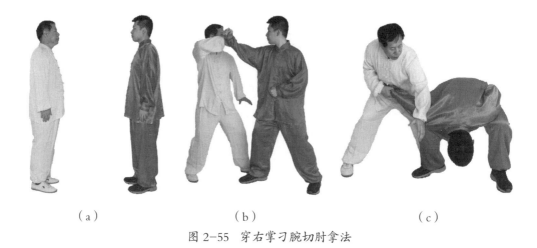

（a） （b） （c）

图 2-55 穿右掌刁腕切肘拿法

（二）穿右掌刁腕锁颈拿法

甲乙双方相对站立，见图 2-56（a）。甲方上右步出右拳击打乙方的胸部或面门，乙方迅速摆右脚上步于甲方的右脚外侧，右掌穿于甲方的右臂外侧化解来袭之拳，见图 2-56（b）。接上式，乙方右掌外旋刁拿甲方手腕并向右斜上方带领，同时扣左脚上步于甲方的身后，穿左掌于甲方的脖颈左侧，锁住其脖颈，配合身体左转，将甲方拿摔，见图 2-56（c）。

要点：乙方摆右脚、扣左脚要迅速到位，左转身时要拧腰挺髋。

（a） （b） （c）

图 2-56 穿右掌刁腕锁颈拿法

（三）穿左掌刁腕锁颈拿法

1.穿左掌刁腕锁颈拿法之一

甲乙双方相对站立，见图 2-57（a）。甲方上右步出右拳击打乙方的胸部或面门。乙方迅速扣右脚上步踩于甲方的中线，穿左掌接拿来袭之拳，见图 2-57（b）。接上式，乙方穿右掌于甲方的脖颈右侧，扣左脚上步，右转身，两手相合将甲方拿摔，见图 2-57（c）。

要点：乙方右转身时要拧腰坐胯。

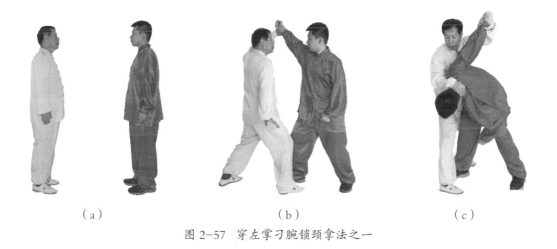

（a）　　　　　　　　　（b）　　　　　　　　　（c）

图 2-57　穿左掌刁腕锁颈拿法之一

2.穿左掌刁腕锁颈拿法之二

甲乙双方相对站立，见图 2-58（a）。甲方上右步出右拳击打乙方的胸部或面门，乙方迅速扣左脚上步于甲方的右脚外侧，左掌穿于甲方的右臂内侧接拿来袭之拳，见图 2-58（b）。接上式，乙方左手外领甲方的右臂，上右步于甲方的右侧，右掌穿于甲方的脖颈左侧，两手配合左转身将甲方摔出，见图 2-58（c）。

要点：乙方左转身时要拧腰坐胯。

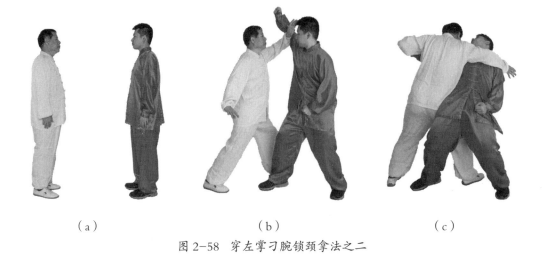

（a） （b） （c）

图 2-58　穿左掌习腕锁颈拿法之二

（四）穿右掌截腿摔法

甲乙双方相对站立，见图 2-59（a）。甲方上右步出右拳击打乙方的胸部或面门，乙方迅速扣右脚上步于甲方的右脚外侧，右掌穿于甲方的右臂外侧化解来袭之拳，见图 2-59（b）。接上式，乙方扣左脚上步于甲方身后，左掌穿于甲方的胸前，同时挺腰左转，将甲方摔出，见图 2-59（c）。

要点：乙方扣脚与穿掌时要一气呵成，左转身时要挺腰将甲方悬空摔出。

（a） （b） （c）

图 2-59　穿右掌截腿摔法

（五）白猿献果拿法

1. 白猿献果拿法之一

甲乙双方相对站立，见图 2-60（a）。甲方上右步出右拳击打乙方的胸部或面门，乙方迅速扣右脚上步，以白猿献果之式接拿来袭之拳，见图 2-60（b）。接上式，乙方随左转身将甲方的前臂向左斜下方拧旋，将甲方摔出，见图 2-60（c）。

要点：乙方接拿来袭之拳后要即刻左转身，同时拧腰坐胯。

（a）　　　　　　　　（b）　　　　　　　　（c）

图 2-60　白猿献果拿法之一

2. 白猿献果拿法之二

甲乙双方相对站立，见图 2-61（a）。甲方上右步出右拳击打乙方的胸部或面门，乙方迅速扣左脚上步于甲方的右侧，穿两掌形成莲花掌托拿来袭之拳，见图 2-61（b）。接上式，乙方拿住甲方的右拳后随身体右转，将甲方摔出，见图 2-61（c）。

要点：乙方右转身时要向里带领甲方的右拳并顶肩。

（a） （b） （c）

图 2-61 白猿献果拿法之二

3. 白猿献果拿法之三

甲乙双方相对站立，见图 2-62（a）。甲方上右步出右拳击打乙方的胸部或面门，乙方迅速扣左脚上步于甲方的右侧，穿两掌形成莲花掌托拿来袭之拳，见图 2-62（b）。接上式，乙方上右脚于甲方的右侧，两手拿住甲方右手腕向上带领，右肘顶住甲方的右肘窝，身体先微左转，再微右转下腰，将甲方摔出，见图 2-62（c）。

要点：乙方拿住甲方的右手腕向上带领时要微左转身，拧腰顶胯。乙方的右肘顶住甲方的右肘窝时要微右转身，拧腰坐胯。

（a） （b） （c）

图 2-62 白猿献果拿法之三

（六）穿左掌切肘摔法

甲乙双方相对站立，见图 2-63（a）。甲方上右步出右拳击打乙方的胸部或面门，乙方迅速扣左脚上步于甲方的右侧，左掌穿于甲方的右臂外侧，同时穿右掌接住来袭之拳，见图 2-63（b）。接上式，乙方配合右转身，用右手拿住甲方的右手里带外领，用左掌切甲方的右肘，将甲方制服，见图 2-63（c）。

要点：乙方右掌要接住来袭之拳，右转身切肘要迅速。

（a）　　　　　　　　　　（b）　　　　　　　　　　（c）

图 2-63　穿左掌切肘摔法

（七）转身掌拿摔法

甲乙双方相对站立，见图 2-64（a）。甲方上右步出右拳击打乙方的胸部或面门，乙方迅速扣左脚上步于甲方的前方（或右侧），左掌穿于甲方的右臂外侧化解来袭之拳，见图 2-64（b）。动作不停，乙方右脚插步于甲方身后，右掌经自己腋下过腰间穿至甲方的左肩后方，随左转身将甲方摔出，见图 2-64（c）。

要点：乙方扣左脚的角度要大，左转身时要挺身顶胯。

（a） （b） （c）

图 2-64　转身掌拿摔法

（八）叶底藏花之摔法和拿法

1. 叶底藏花之摔法

甲乙双方相对站立，见图 2-65（a）。甲方上右步出右拳击打乙方的胸部或面门，乙方迅速扣左脚上步于甲方的右脚后侧，以左叶底藏花之式，即左掌顺甲方右臂推向自己右腋下，并拿住甲方手腕，右掌上穿护于左肩上，见图 2-65（b）。接上式，乙方右掌顺势替换左手接拿甲方的手腕，左掌随左转身击打甲方的头部，摔出甲方，见图 2-65（c）。

要点：乙方扣左脚的角度要大，左右手转换接拿要快速。

（a） （b） （c）

图 2-65　叶底藏花之摔法

2.叶底藏花之拿法

甲乙双方相对站立，见图 2-66（a）。甲方上右步出右拳击打乙方的胸部或面门，乙方迅速扣左脚上步于甲方的右脚外侧，同时双手接拿来袭之拳，见图 2-66（b）。接上式，乙方以左叶底藏花之式，即右转身，双手随势向右下方带领甲方的右拳，拧腰坐胯，左肘顶住甲方的右肘外侧，配合右手下压，拿摔甲方，见图 2-66（c）。

要点：乙方双手要接拿住甲方的右手腕，向右转身、拧腰坐胯、顶肘要协调。

（a）　　　　　　　　（b）　　　　　　　　（c）

图 2-66　叶底藏花之拿法

（九）穿掌锁颈摔法

甲乙双方相对站立，见图 2-67（a）。甲方上右步出右拳击打乙方的胸部或面门，乙方迅速扣右脚上步于甲方的右脚内侧，穿两掌于甲方的右臂内侧化解来袭之拳，见图 2-67（b）。接上式，乙方扣左脚上步于甲方的右侧，左掌拿住甲方的右手腕向左上方带领。同时，右掌穿至甲方的脖颈右侧，与左掌带领配合，右转身，向右下方按压甲方的头部，见图 2-67（c）。

要点：乙方扣左右脚要快速协调，同时要拧腰坐胯。

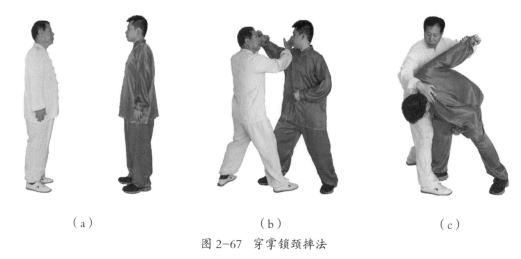

（a） （b） （c）

图 2-67 穿掌锁颈摔法

（十）推托带领之打法

甲乙双方相对站立，见图 2-68（a）。甲方上右步出右拳击打乙方的胸部或面门，乙方迅速扣左脚上步于甲方的右侧，以右推托带领之式，即起右掌接拿甲方的右手腕向右斜下方带领，见图 2-68（b）。接上式，乙方起左掌按击甲方的右肋，两臂成对撑之势或者用左肘顶击甲方的右肋，见图 2-68（c）。

要点：乙方在拿住甲方的右手腕后，即刻做"顺手牵羊"的动作，同时两臂成对撑之势。

（a） （b） （c）

图 2-68 推托带领之打法

（十一）五龙洗爪缠拿法

1.五龙洗爪缠拿法之一

甲乙双方相对站立，见图2-69（a）。甲方上右步出右拳击打乙方的胸部或面门，乙方迅速以五龙洗爪之式缠拿甲方，即扣左脚上步于甲方的右侧，同时起两掌，左掌位于甲方的右臂之下，右掌位于甲方的右臂之上，缠拿来袭之拳，见图2-69（b）。动作不停，乙方两掌合力配合撤右步、右转身，将甲方摔出，见图2-69（c）。

要点：乙方缠拿要准，撤右步要快。

（a）　　　　　　　　（b）　　　　　　　　（c）

图2-69　五龙洗爪缠拿法之一

2.五龙洗爪缠拿法之二

甲乙双方相对站立，见图2-70（a）。甲方上右步出右拳击打乙方的胸部或面门，乙方迅速扣左脚上步于甲方的右侧，以五龙洗爪之式，即上左脚成三才步，同时两手配合，接拿来袭之拳，见图2-70（b）。动作不停，乙方两手缠拧甲方的右臂并上托，同时上右步于甲方的后侧，右肩抵进甲方的右腋下，随左转身将甲方摔出，见图2-70（c）。

要点：乙方拿住并缠拧甲方右臂的动作要快速，进身要到位，右肩要抵进甲方的腋下。

（a）　　　　　　　　　　　（b）　　　　　　　　　　（c）

图 2-70　五龙洗爪缠拿法之二

（十二）扣步勾摔法

甲乙双方相对站立，见图 2-71（a）。甲方上右步出右拳击打乙方的胸部或面门，乙方迅速扣左脚上步于甲方的右脚跟之后，左掌穿至甲方的右前臂之上，下按外挂化解来袭之拳，见图 2-71（b）。同时，乙方右掌上架亮掌，左脚勾挑，使甲方跌倒，见图 2-71（c）。

要点：乙方在扣左脚勾住甲方的右脚跟后，要即刻拧腰坐胯、微屈膝。

（a）　　　　　　　　　　　（b）　　　　　　　　　　（c）

图 2-71　扣步勾摔法

（十三）风摆杨柳之打法和拿法

1.风摆杨柳之打法

甲乙双方相对站立，见图2-72（a）。甲方上右步出右拳击打乙方的胸部或面门，乙方迅速扣左脚上步，以风摆杨柳之式，即穿两掌，左掌穿于甲方右肘关节的右侧或下方，右掌上穿立于自己左肩头前挡住来袭之拳，见图2-72（b）。接上式，乙方扣右脚上步踩于甲方的中线，左掌继续上穿缠拿甲方的右臂外撑，右掌内旋，丁身体右侧画立圆拍击甲方的腹部，见图2-72（c）。

要点：乙方的身法要灵活多变，重心要左右转移，要以身法带动手法。

（a）　　　　　　　　　　（b）　　　　　　　　　　（c）

图2-72　风摆杨柳之打法

2.风摆杨柳之拿法

甲乙双方相对站立，见图2-73（a）。甲方上右步出右拳击打乙方的胸部或面门，乙方迅速扣左脚上步于甲方的右侧，以风摆杨柳之式，即穿两掌，左掌穿于甲方的右肘关节之下，右掌上穿拿住甲方的右手腕化解来袭之拳，见图2-73（b）。接上式，乙方先随左转身用双手带领甲方的右臂，见图2-73（c），再扣右脚上步、撤左脚，同时左转身，使两手在胸前走S形，并缠拿甲方右臂，将甲方摔出，见图2-73（d）。

要点：乙方身法要灵活多变，重心要左右转移，要以身法带动手法。

（a）　　　　　　　　　　　　（b）

（c）　　　　　　　　　　　　（d）

图 2-73　风摆杨柳之拿法

（十四）折臂缠摔法

甲乙双方相对站立，见图 2-74（a）。甲方上右步出右拳击打乙方的胸部或面门，乙方迅速扣右脚上步踩于甲方的中线，重心移至左脚，起剪子手，即左掌穿至甲方的右前臂之下，右掌穿至甲方右肘窝处接挡来袭之拳，见图 2-74（b）。接上式，乙方微摆右脚，重心右移，左前臂与右掌随右转身相合，折甲方的手臂，使甲方跌倒，见图 2-74（c）。

要点：乙方步法转换和重心转移要快速。

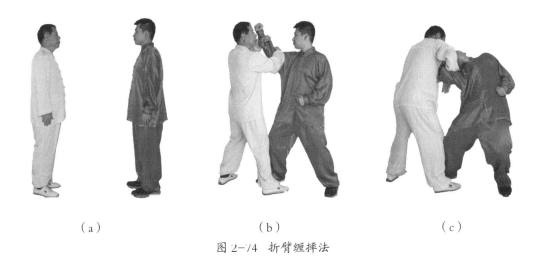

（a）　　　　　　　　（b）　　　　　　　　（c）

图 2-74　折臂缠摔法

（十五）锁颈挂腿摔法

甲乙双方相对站立，见图 2-75（a）。甲方上右步出右拳击打乙方的胸部或面门，乙方迅速扣右脚上步于甲方右脚之后，起左掌沿右弧线上穿接拿甲方的右手腕化解来袭之拳，见图 2-75（b）。接上式，乙方的右掌穿于甲方的脖颈左侧，左转身，左手随势外领，右手里合，右胯外顶右脚外挂，将甲方摔倒，见图 2-75（c）。

要点：乙方扣右脚上步要到位，左转身、右胯外顶和右脚挂腿要同步。

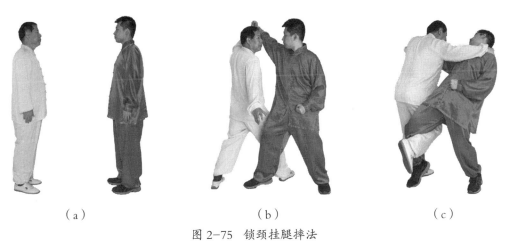

（a）　　　　　　　　（b）　　　　　　　　（c）

图 2-75　锁颈挂腿摔法

（十六）穿掌抱球拿摔法

甲乙双方相对站立，见图2-76（a）。甲方上右步出右拳击打乙方的胸部或面门，乙方迅速扣左脚上步于甲方的右侧，穿两掌以抱球之式接拿来袭之拳，见图2-76（b）。接上式，乙方向右转身，随势将甲方的前臂往里带，以抱球式绞拿甲方，将其摔倒，见图2-76（c）。

要点：乙方扣左脚的角度要大，右转身要快速。

（a） （b） （c）

图2-76 穿掌抱球拿摔法

（十七）穿掌脑后摘盔拿摔法

甲乙双方相对站立，见图2-77（a）。甲方上右步出右掌击打乙方的胸部或面门，乙方迅速扣左脚上步于甲方的右侧，左掌穿于甲方的右臂外侧化解来袭之拳，见图2-77（b）。接上式，乙方右脚插步于甲方身后，随之右掌穿于甲方的胸前，以脑后摘盔之式将甲方摔倒，见图2-77（c）。

要点：乙方右脚插步要到位，进身"吃住"甲方的身体与脑后摘盔动作的衔接要快速、协调。

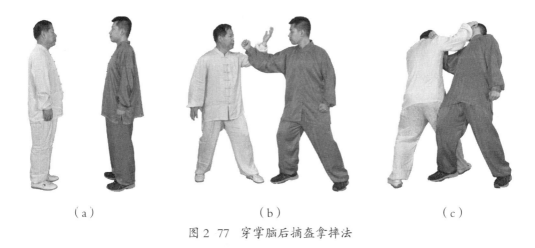

（a） （b） （c）

图 2 77 穿掌脑后摘盔拿摔法

（十八）穿掌拿臂摔法

甲乙双方相对站立，见图 2-78（a）。甲方上右步出右拳击打乙方的胸部或面门，乙方迅速扣左脚上步于甲方的右侧，左掌穿于甲方的右肘外侧，穿右掌接拿来袭之拳，见图 2-78（b）。动作不停，乙方两掌相合，左掌随右转身按压甲方的肘关节，右掌拿住甲方的右臂，把甲方摔倒，见图 2-78（c）。

要点：乙方接拿甲方的右拳要快而准，右转身与左掌按压肘关节要同步。

（a） （b） （c）

图 2-78 穿掌拿臂摔法

（十九）穿掌缠臂摔法

甲乙双方相对站立，见图2-79（a）。甲方上右步出右拳击打乙方的胸部或面门，乙方迅速扣左脚上步于甲方的右侧，左掌穿于甲方的右臂外侧化解来袭之拳，右掌按于自身右腿外侧，见图2-79（b）。动作不停，乙方左脚前垫半步，左掌继续前穿，经甲方的右腋下缠住其上臂，同时右转身（或撤右脚），将甲方摔倒，见图2-79（c）。

要点：乙方扣左脚上步要到位，垫步要及时，在继续穿左掌时，要探身"吃住"甲方。

（a）   （b）   （c）

图 2-79 穿掌缠臂摔法

（二十）穿掌拧臂摔法

甲乙双方相对站立，见图2-80（a）。甲方上右步出右拳击打乙方的胸部或面门，乙方迅速扣左脚上步于甲方的右侧，重心移至右脚，穿左掌托住甲方的右肘关节，穿右掌接拿来袭之拳，见图2-80（b）。接上式，乙方上右步，两掌拧旋甲方的右臂，配合左转身走右弧线将甲方摔倒，见图2-80（c）。

要点：乙方重心始终落于右脚。在接拿来袭之拳时，乙方两手要将甲方的右拳先向右领出去再带回来，乙方拧甲方的右臂与上右步的动作要快速连贯，要走出右弧线。

（a）　　　　　　　　　　　（b）　　　　　　　　　　　（c）

图 2-80　穿掌拧臂摔法

（二十一）上左步穿掌锁颈摔法

甲乙双方相对站立，见图 2-81（a）。甲方上右步出右拳击打乙方的胸部或面门，乙方迅速扣左脚上步于甲方的右侧，同时穿两掌，即左掌经甲方上臂内侧穿于其颈部右侧，右掌接拿来袭之拳，见图 2-81（b）。接上式，乙方右撤步转身，同时左手锁住甲方的脖颈，右手拧旋里带甲方的右臂，配合右转身，将甲方摔倒，见图 2-81（c）。

要点：乙方扣左脚上步要到位，这样才能"吃住"甲方的身体，右撤步时要顶胯。

（a）　　　　　　　　　　　（b）　　　　　　　　　　　（c）

图 2-81　上左步穿掌锁颈摔法

（二十二）倒抹"门楣"之打法和拿法

1.倒抹"门楣"之打法

甲乙双方相对站立，见图2-82（a）。甲方上右步出右拳击打乙方的胸部和面门。乙方迅速扣右脚上步于甲方的右侧，右掌穿于甲方的右臂外侧化解来袭之拳，见图2-82（b）。接上式，乙方扣右脚，撤左脚于甲方的右脚之后，起左掌随右转身平击甲方的"门楣"（指额头），见图2-82（c）。

要点：乙方扣右脚、撤左脚要协调到位，转身要快速。

（a） （b） （c）

图2-82 倒抹"门楣"之打法

2.倒抹"门楣"之拿法

甲乙双方相对站立，见图2-83（a）。甲方上右步出右拳击打乙方的胸部或面门，乙方迅速扣右脚上步于甲方的右侧，右掌穿于甲方的右臂外侧化解来袭之拳，见图2-83（b）。动作不停，乙方扣左脚上步于甲方的后侧，穿左掌经甲方的头部左侧于其额前，随即左转身，左掌随势往后搂抹，使甲方因后仰失去重心而倒地，见图2-83（c）。

要点：乙方扣右脚上步与扣左脚上步要协调、快速。

（a）　　　　　　　　　　　（b）　　　　　　　　　　　（c）

图 2-83　倒抹 "门楣" 之拿法

（二十三）金鱼合口拿臂摔法

甲乙双方相对站立，见图 2-84（a）。甲方上右步出右拳击打乙方的胸部或面门，乙方迅速以金鱼合口之式，即扣左脚上步于甲方的右侧，同时穿两掌，左掌穿于甲方的右臂之下，右掌接拿来袭之拳，见图 2-84（b）。动作不停，乙方两手相合，拿住甲方的右臂后进身，将甲方的右臂扛于左肩上，右撤步转体 180 度，将甲方摔出，见图 2-84（c）。

要点：乙方在以金鱼合口之式接拿来袭之拳时要快而准，进身贴住甲方时要贴紧。

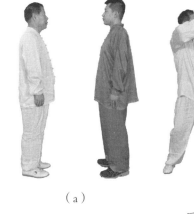  

（a）　　　　　　　　　　　（b）　　　　　　　　　　　（c）

图 2-84　金鱼合口拿臂摔法

（二十四）接手拿腕之打法

甲乙双方相对站立，见图2-85（a）。甲方上右步出右拳击打乙方的胸部或面门，乙方迅速扣左脚上步于甲方的右侧，穿右掌接拿来袭之拳，穿左掌于甲方的右臂外侧，见图2-85（b）。接上式，乙方右手拿住甲方的手腕向右上方带领，左臂屈肘与右臂对撑并顶击甲方的右肋，见图2-85（c）。

要点：乙方接拿来袭之拳要准，右手带领与左肘顶击要对撑。

（a）　　　　　　　　　　（b）　　　　　　　　　　（c）

图2-85　接手拿腕之打法

（二十五）上右步穿掌锁颈摔

甲乙双方相对站立，见图2-86（a）。甲方上右步出右拳击打乙方的胸部或面门，乙方迅速扣右脚上步于甲方的右脚外侧，右掌穿于甲方的右臂外侧化解来袭之拳，见图2-86（b）。接上式，乙方扣左脚上步于甲方身体后侧，左掌穿于甲方的右上臂内侧外撑，见图2-86（c）。动作不停，乙方上右步，右掌穿于甲方的脖颈左侧，随左转身将甲方摔出，见图2-86（d）。

要点：乙方两脚上步与穿两掌要快速、协调，左转身动作要连贯迅猛。

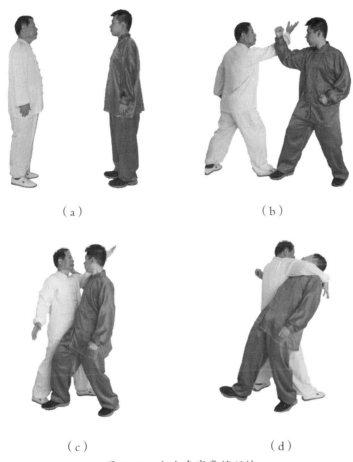

（a）　　　　　　　　　　　　　　（b）

（c）　　　　　　　　　　　　　　（d）

图 2-86　上右步穿掌锁颈摔

（二十六）上右步穿掌顶肘摔

甲乙双方相对站立，见图 2-87（a）。甲方上右步出右拳击打乙方的胸部或面门，乙方扣右脚于甲方的右脚外侧，右掌穿于甲方的右臂外侧化解来袭之拳，见图 2-87（b）。接上式，乙方扣左脚于甲方的右侧，左掌于甲方的右上臂内侧穿出，上右脚屈右肘顶击甲方的下颌，同时身体微左转，左掌向外带领甲方的右臂，将甲方摔出，见图 2-87（c）。

要点：乙方左右上步的转换要快，顶肘时两臂外撑，同时身体微左转。

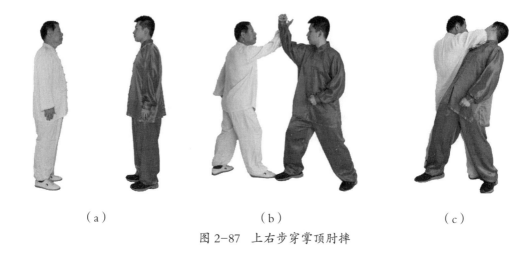

<table>
<tr><td>（a）</td><td>（b）</td><td>（c）</td></tr>
</table>

图 2-87 上右步穿掌顶肘摔

五、八卦掌破擒拿实用招法

（一）云掌破金丝缠腕法

1.云掌破金丝缠腕法之一

甲乙双方相对站立，见图 2-88（a）。甲方上右步出右手拿住乙方的右手腕，用金丝缠腕法缠拿乙方，见图 2-88（b）。乙方迅速用左手按住甲方施拿之手并顺势内收，同时以云掌之式，即右手顺势内旋抽出后，继续削击甲方的下颌或脖颈，见图 2-88（c）。

要点：乙方要顺势进身，抽身出云掌。

　　　　（a）　　　　　　　　　（b）　　　　　　　　　（c）

图 2-88　云掌破金丝缠腕法之一

2. 云掌破金丝缠腕法之二

　　甲乙双方相对站立，见图 2-89（a）。甲方上右步出右手拿住乙方的右手腕，用金丝缠腕法缠拿乙方，见图 2-89（b）。乙方迅速用左手按住甲方施拿之手并内收，身体顺势微右转，在自己的怀中做微小的云掌动作，但不抽出右手，左转身，以右肘顶住甲方的左肘，实施反擒拿，见图 2-89（c）。

　　要点：乙方微小的云掌动作要与左右转身协调配合。

　　　　（a）　　　　　　　　　（b）　　　　　　　　　（c）

图 2-89　云掌破金丝缠腕法之二

（二）青龙返身破顺手牵羊的招法

甲乙双方相对站立，见图2-90（a）。甲方上右步出右拳击打乙方的胸部或面门，乙方迅速扣右脚上步于甲方的右侧，右掌穿于甲方的右臂外侧化解来袭之拳，见图2-90（b）。此时，如被甲方"顺手牵羊"，见图2-90（c）。接上式，乙方则顺势拧臂外旋，同时使右掌向斜下方穿出，动作不停，左转身撤左脚，将右掌贴腰，随左转身向自己身后穿出，起左肘击打甲方的胸部或面门，见图2-90（d）。

要点：乙方的右手被牵时，要顺势跟步进身，进手时要拧臂外旋，改变力的方向，右掌贴腰向自己身后穿出要与左转身、撤左脚同步。

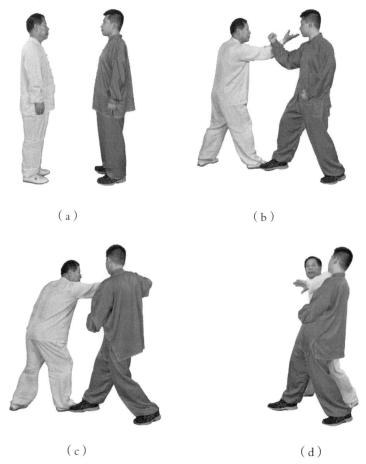

（a）　　　　　　　　　　　　　（b）

（c）　　　　　　　　　　　　　（d）

图2-90　青龙返身破顺手牵羊的招法

（三）金龙缠身破背手拿法

1. 金龙缠身破背手拿法之一

甲乙双方相对站立，见图 2-91（a）。甲方上右步出右拳击打乙方的胸部或面门，乙方扣右脚上步于甲方的右侧，右掌穿于甲方的右臂外侧化解来袭之拳，见图 2-91（b）。此时若甲方拿住乙方的手腕后拧，乙方则顺势使右脚向前垫步，左脚跟步，并掌，左转身，重心落于右脚，起左肘击打甲方的头部，见图 2-91（c）。

要点：乙方要顺势而为，垫步、跟步要到位。

（a）　　　　　　　　　　（b）　　　　　　　　　　（c）

图 2-91　金龙缠身破背手拿法之一

2. 金龙缠身破背手拿法之二

甲乙双方相对站立，见图 2-92（a）。甲方上右步出右拳击打乙方的胸部或面门，乙方扣右脚上步于甲方的右侧，右掌穿于甲方的右臂外侧化解来袭之拳，见图 2-92（b）。此时如甲方拿住乙方的手腕后拧，乙方则扣左脚上步于甲方身后，右手先顺势外旋穿于甲方的胸前，之后随左脚扣步内缠，随右转身，右手后扳甲方的胸或脖颈，左掌推其腰，将其反制，见图 2-92（c）。

要点：乙方要顺势而为，扣右脚与扣左脚要快速、协调。

（a）　　　　　　　（b）　　　　　　　（c）

图 2-92　金龙缠身破背手拿法之二

3. 金龙缠身破背手拿法之三

甲乙双方相对站立，见图 2-93（a）。甲方上右步出右拳击打乙方的胸部或面门，乙方扣右脚上步于甲方的右侧，右掌穿于甲方的右臂外侧化解来袭之拳，见图 2-93（b）。甲方以扭臂擒拿法拿住乙方的右手腕，见图 2-93（c）。乙方顺势撤左脚于甲方的身后，左转身，左掌外旋，向上托举甲方的下颌，或屈肘击打甲方的脖颈，反拿甲方，见图 2-93（d）。

要点：乙方顺势撤左脚与左转身、左掌外旋向上托举要快速、同步。

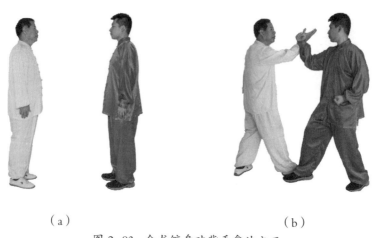

（a）　　　　　　　　　　　（b）

图 2-93　金龙缠身破背手拿法之三

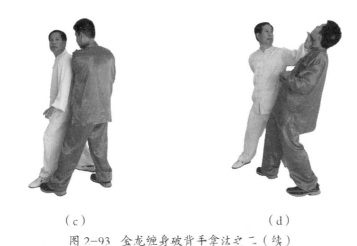

（c）　　　　　　　　　　　　（d）

图 2-93　金龙缠身破背手拿法之二（续）

（四）撤步破捆抱拿法

1. 撤步破捆抱拿法之一

甲方从乙方身后将其两臂一起抱住，见图 2-94（a）。乙方在撤右脚于甲方的左脚左侧后迅速右转身，同时抬右肩，迫使甲方松手倾倒，见图 2-94（b）。

要点：乙方撤右脚时身体要下沉，撤右脚与抬右肩要同步。

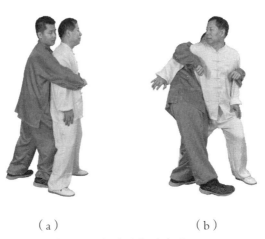

（a）　　　　　　　　　　　　（b）

图 2-94　撤步破捆抱拿法之一

2. 撤步破捆抱拿法之二

甲方从乙方身后将其两臂一起抱住，或直接抱腰，见图 2-95（a）。乙方迅速撤右脚于甲方的左脚左侧，同时右转身，左手助力右臂抬起屈肘击打甲方的头部，破解捆抱拿法，见图 2-95（b）。

要点：乙方撤右脚、右转身与抬右肘要迅速协调，一气呵成。

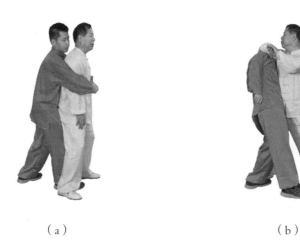

（a）   （b）

图 2-95　撤步破捆抱拿法之二

（五）脑后摘盔破锁颈拿法

乙方被甲方从身后以右臂锁拿脖颈后，乙方迅速起右手控制住甲方的右臂，见图 2-96（a）。接上式，乙方的左脚插步于甲方的身后，左掌经自己腋下至甲方右臂外侧穿出，掌心向右继续上穿，与右转身配合，将甲方摔出，见图 2-96（b）。

要点：乙方要牢牢控制住甲方的右臂，左脚要撤于甲方的右脚后"吃住"甲方。

（a）　　　　　　　　　　　　　　　（b）

图 2-96 脑后摘盔破锁颈拿法

（六）狮子摇头破锁颈拿法

乙方被甲方从身后以右臂锁拿脖颈后，乙方迅速起右手控制住甲方的右手，见图 2-97（a）。接上式，乙方以狮子摇头身法，即撤左脚、左转身、起左肘，击打甲方的下颌，见图 2-97（b）。

要点：乙方要牢牢控制住甲方的右臂，左脚要撤于甲方的身后"吃住"甲方。

（a）　　　　　　　　　　　（b）

图 2-97 狮子摇头破锁颈拿法

六、八卦掌与形意拳的组合招法

（一）上步穿掌与钻拳的组合招法

甲乙双方相对站立，见图2-98（a）。甲方上右步出右拳击打乙方的胸部或面门，乙方迅速扣左脚上步于甲方的右侧，左掌穿于甲方的右臂外侧化解来袭之拳，右掌按于自身右侧，见图2-98（b）。接上式，乙方上右步踩于甲方的中线，成右弓步，左掌内旋外挂甲方的右臂，右掌变拳，以右钻拳击打甲方的下颌，见图2-98（c）。

要点：乙方的左掌外挂甲方的右臂时，要内旋外撑或将带。上右步与右钻拳要同步，动作要大开大合，且稳、准、狠。

（a）　　　　　　　　　（b）　　　　　　　　　（c）

图2-98　上步穿掌与钻拳的组合招法

（二）上步穿掌与劈掌的组合招法

甲乙双方相对站立，见图2-99（a）。甲方上右步出右拳击打乙方的胸部或面门，乙方迅速以仙人让路之式左闪身，避开来袭之拳，即开左脚，右脚尖于左脚内侧虚点地，右掌贴于右腿外侧，掌心向外，左掌立于右肩头前，见图2-99（b）。动作不停，扣右脚上步于甲方的右侧，以右劈掌劈击甲方的面门，见图2-99（c）。接上式，乙方扣左脚上步于甲方的身后，左掌穿于甲方的胸前，右手拿住甲方的右手腕，拧腰坐胯挺腰，同时两掌外撑，使甲方倾倒，见图2-99（d）。

要点：乙方左脚要扣于甲方的身后"吃住"甲方，同时两掌外撑。

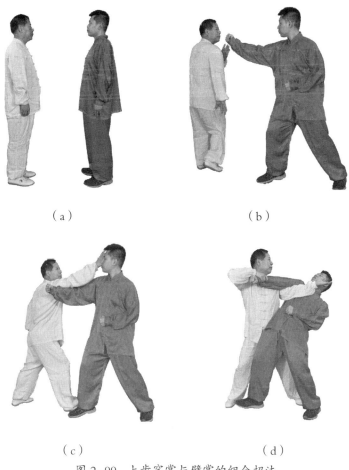

（a）　　　　　　　　　　　　　（b）

（c）　　　　　　　　　　　　　（d）

图2-99　上步穿掌与劈掌的组合招法

（三）脑后摘盔与横拳的组合招法

甲乙双方相对站立，见图2-100（a）。甲方以右钻拳击打乙方的胸部或下颌，乙方迅速扣右脚上步于甲方的外侧，以右横拳破来袭之拳，见图2-100（b）。动作不停，乙方左转身，左脚插步于甲方的身后，落脚后即刻右转身，以脑后摘盔之式击打甲方，使甲方倾倒，见图2-100（c）。

要点：乙方左脚插步与左转身要快速到位，左转身后要即刻右转身。

（a）   （b）   （c）

图2-100 脑后摘盔与横拳的组合招法

（四）上步穿掌与右虎扑的组合招法

甲乙双方相对站立，见图2-101（a）。甲方上右步出右拳击打乙方的胸部或面门，乙方迅速扣左脚上步于甲方的右侧，左掌穿于甲方的右臂外侧化解来袭之拳，右掌抬起上架，见图2-101（b）。接上式，乙方两掌变拳收于腰间，接右虎扑之式，即上右步踩于甲方的中线，身体左转，随之两拳变掌扑击甲方的胸部，见图2-101（c）。

要点：乙方做上步穿掌和右虎扑这两个动作时要借势衔接。

（a）　　　　　　　　　　　（b）　　　　　　　　　　　（c）

图 2-101　上步穿掌与右虎扑的组合招法

（五）力劈华山与横拳的组合招法

甲乙双方相对站立，见图 2-102（a）。甲方上右步出右拳击打乙方的胸部或面门，乙方迅速以仙人让路之式左闪身，躲避来袭之拳，见图 2-102(b)。接上式，乙方摆右脚上步于甲方的右侧，以力劈华山之式劈击甲方的面部或右肩颈，见图 2-102（c）。动作不停，乙方扣左脚上步于甲方身后，同时，右手拿住甲方的右手腕，以左横拳击打甲方的胸部，见图 2-102（d）。

要点：乙方闪身、劈掌与横拳动作要一气呵成。

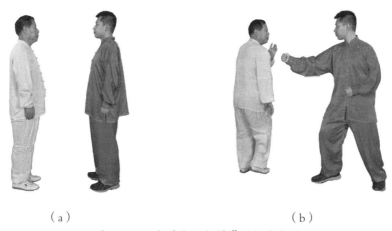

（a）　　　　　　　　　　　（b）

图 2-102　力劈华山与横拳的组合招法

（c）　　　　　　　　　　　　　（d）

图 2-102　力劈华山与横拳的组合招法（续）

（六）紫燕抛剪与马拳的组合招法（以右马拳式为例）

甲乙双方相对站立，见图 2-103（a）。甲方上右步出右拳击打乙方的胸部或面门，乙方迅速扣右脚上步于甲方的右侧，左脚尖虚点地于自己右脚内侧，以马拳拦截来袭之拳，见图 2-103（b）。接上式，乙方以紫燕抛剪之式，即扣左脚上步于甲方的身后，同时右手拿住甲方的右手腕，左掌穿于甲方的胸前，左臂随左转身发力将甲方摔出，见图 2-103（c）。

要点：乙方左脚上步要到位，穿左掌、左转身时要挺身。

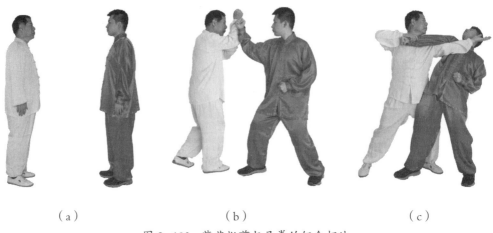

（a）　　　　　　　　　　　（b）　　　　　　　　　　　（c）

图 2-103　紫燕抛剪与马拳的组合招法

（七）金龙吐珠与马拳的组合招法（以左马拳式为例）

甲乙双方相对站立，见图 2-104（a）。甲方上右步出右拳击打乙方的胸部或面门，乙方迅速上右脚，起双拳以马拳拦截来袭之拳，见图 2-104（b）。接上式，右脚落于自己的中线处，左脚跟半步，以金龙吐珠之式，即穿右掌插甲方的喉咙或扎甲方的眼睛，见图 2-104（c）。

要点：乙方右脚落地、左脚跟步与穿右掌要连贯协调，一气呵成。

（a） （b） （c）

图 2-104 金龙吐珠与马拳的组合招法

（八）双撞掌与虎托的组合招法

甲乙双方相对站立，见图 2-105（a）。甲方上右步出右拳击打乙方的胸部或面门，乙方扣右脚上步踩于甲方的中线，以虎托之式化解来袭之拳，见图 2-105（b）。接上式，乙方继续上右步跟左步，以双撞掌击打甲方的胸部，见图 2-105（c）。

要点：乙方做虎托和双撞掌这两个动作时要瞬间衔接完成。

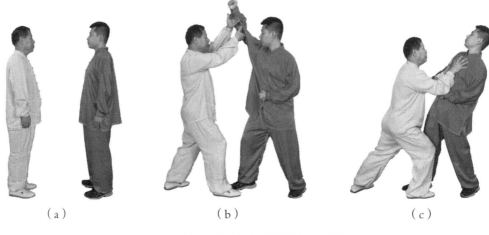

（a） （b） （c）

图 2-105 双撞掌与虎托的组合招法

（九）上步穿掌与炮拳的组合招法

甲乙双方相对站立，见图 2-106（a）。甲方上右步出右拳击打乙方的胸部或面门。乙方迅速扣左脚上步于甲方的右侧，左掌穿于甲方的右臂内侧化解来袭之拳，右掌按于自身右侧，见图 2-106（b）。接上式，乙方上右步踩于甲方的中线，穿左掌向斜上方撑甲方的右拳，以右炮拳击打甲方的胸部，见图 2-106（c）。

要点：乙方上左右步、右掌变拳击打时动作要快速、协调。

（a） （b） （c）

图 2-106 上步穿掌与炮拳的组合招法

（十）紫燕抛剪与狸猫倒上树的组合招法

甲乙双方相对站立，见图 2-107（a）。甲方上右步出右拳击打乙方的胸部或面门，乙方以狸猫倒上树之式，即开左步独立，起双拳，右拳拦截来袭之拳，左拳附于右肘内侧，起右膝欲顶击甲方的右肋，见图 2-107（b）。接上式，乙方落右脚于自己左脚前，扣左脚上步于甲方的右后侧，以紫燕抛剪之式，即右拳变掌刁拿甲方的右手腕，左拳变掌从甲方胸前穿出，两手相合配合左转身将甲方发出，见图 2-107（c）。

要点：乙方的狸猫倒上树动作与紫燕抛剪之式衔接要协调，转换要快速。

   （a）   （b）   （c）

图 2-107 紫燕抛剪与狸猫倒上树的组合招法

（十一）穿掌与右罿形的组合招法

甲乙双方相对站立，见图 2-108（a）。甲方上右步出右拳击打乙方的胸部或面门，乙方迅速摆右脚上步于甲方的右脚前，以右罿形之式，即起两掌，掌心向下，掌指微屈，在胸前交叉后对拉分开，左掌落于左胯旁（或腹前），右掌抓拿甲方的右臂化解来袭之拳，见图 2-108（b）。接上式，乙方扣左脚于甲方的右后侧，左掌穿于甲方的胸前，动作不停，身体微左转，挺腰，将甲方摔出，见图 2-108（c）。

要点：乙方上步的转换要灵活快捷，左转身时要挺腰。

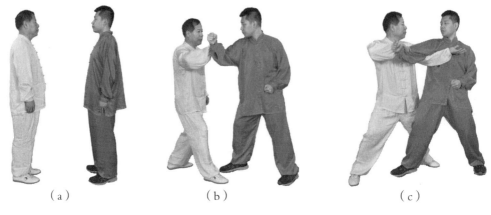

（a） （b） （c）

图 2-108　穿掌与右罩形的组合招法

七、八卦掌与杨式太极拳的组合招法

（一）双撞掌与杨式太极拳起势的组合招法

甲乙双方相对站立，见图 2-109（a）。甲方上右步出右拳击打乙方的胸部或面门，乙方迅速以杨式太极拳起势的手法，上左步于甲方的右脚外侧，双手上捧化解来袭之拳，见图 2-109（b）。接上式，乙方以八卦掌的双撞掌击打甲方的胸部，见图 2-109（c）。

要点：乙方的两式连动要做到瞬间转换。

（a） （b） （c）

图 2-109　双撞掌与杨式太极拳起势的组合招法

（二）叶底藏花与杨式太极拳的将手的组合招法

甲乙双方相对站立，见图2-110（a）。甲方上右步出右拳击打乙方的胸部或面门，乙方迅速上左脚于甲方的右侧，右掌穿于甲方的右臂外侧，以杨式太极拳的将手接拿来袭之拳，见图2-110（b）。接上式，乙方以右叶底藏花之式，即左掌穿插至自身右腋下，动作不停，快速左转身两手对撑，用左肘顶击甲方的右肋，将甲方制服，见图2-110（c）。

要点：乙方将手控制甲方右手的同时，要配合左转身下腰。

（a）　　　　　　　　　（b）　　　　　　　　　（c）

图2-110　叶底藏花与杨式太极拳的将手的组合招法

（三）上步穿掌与杨式太极拳单鞭的组合招法

甲乙双方相对站立，见图2-111（a）。甲方上右步出右拳击打乙方的胸部或面门，乙方迅速扣右脚上步于甲方的右脚内侧，穿两掌于甲方的右臂内侧化解来袭之拳，见图2-111（b）。接上式，乙方以单鞭之式，即左掌拿住甲方的右手腕向外带领，右掌沿甲方右臂上行砍击甲方的脖颈，见图2-111（c）。

要点：乙方的穿掌与单鞭之式要同时完成。

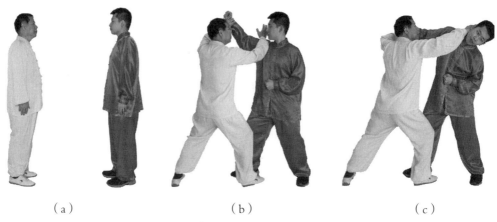

（a）　　　　　　　　　（b）　　　　　　　　　（c）

图 2-111　上步穿掌与杨式太极拳单鞭的组合招法

（四）双撞掌与杨式太极拳十字手的组合招法

甲乙双方相对站立，见图 2-112（a）。甲方上右步出右拳击打乙方的胸部或面门，乙方迅速上左步，以杨式太极拳十字手截拦来袭之拳，见图 2-112（b）。动作不停，乙方上右步以双撞掌撞击甲方的胸部，见图 2-112（c）。

要点：乙方做十字手动作时，双手要高举，并在胸前画圆推出。

（a）　　　　　　　　　（b）　　　　　　　　　（c）

图 2-112　双撞掌与杨式太极拳十字手的组合招法

（五）脑后摘盔与杨式太极拳手挥琵琶的组合招法

甲乙双方相对站立，见图 2–113（a）。甲方上右步出右拳击打乙方的胸部或面门，乙方迅速上左步，以杨式太极拳手挥琵琶之式，即两手相合缠拿来袭之拳，见图 2–113（b）。接上式，乙方以左脑后摘盔的身法，即双手拿住甲方的右臂架于自己的左肩上，随撤右步、右转身，配合坐右胯，将甲方摔出，见图 2–113（c）。

要点：乙方的琵琶手要缠拿甲方的右臂，脑后摘盔时左肩要抵在甲方的腋下，右转身时要拧腰坐胯。

（a）　　　　　　　　　　　（b）　　　　　　　　　　　（c）

图 2–113　脑后摘盔与杨式太极拳手挥琵琶的组合招法

（六）上步穿掌与杨式太极拳海底针的组合招法

甲乙双方相对站立，见图 2–114（a）。甲方上右步出右拳击打乙方的胸部或面门，乙方迅速上右步于甲方的右侧，右掌穿于甲方的右臂外侧化解来袭之拳，见图 2–114（b）。接上式，乙方上左步，左掌于自己的右臂下向甲方的右臂内侧穿出，外旋锁住甲方的右臂，见图 2–114（c）。动作不停，乙方上右步，右掌于甲方的右臂上方下插，从而制服甲方，见图 2–114（d）。

要点：乙方上步转换要快速，左右穿掌交替要迅速、协调。

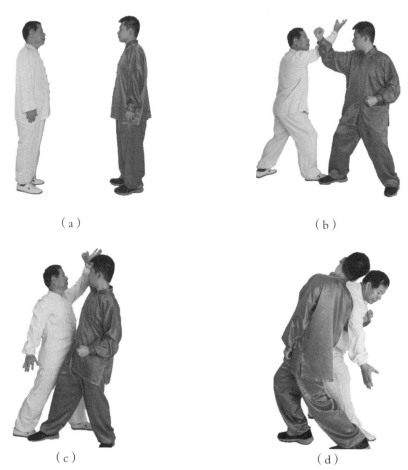

（a）　　　　　　　　　　　　　　　　（b）

（c）　　　　　　　　　　　　　　　　（d）

图 2-114　上步穿掌与杨式太极拳海底针的组合招法

（七）穿掌与杨式太极拳野马分鬃的组合招法

甲乙双方相对站立，见图 2-115（a）。甲方上右步出右拳击打乙方的胸部或面门，乙方迅速扣右脚上步于甲方的右侧，右掌穿于甲方的右臂外侧化解来袭之拳，见图 2-115（b）。接上式，乙方以野马分鬃之式，扣左步于甲方的身后，左掌穿于甲方的胸前，两掌配合，左转身，将甲方摔出，见图 2-115（c）。

要点：乙方左脚扣步要到位，左转身时要拧腰坐胯挺腰。

（a） （b） （c）

图 2-115 穿掌与杨式太极拳野马分鬃的组合招法

（八）上步穿掌与杨式太极拳的云手的组合招法

1. 上步穿掌与杨式太极拳的左云手的组合招法

甲乙双方相对站立，见图 2-116（a）。甲方上右步出右拳击打乙方的胸部或面门，乙方迅速扣左脚上步于甲方的右侧，穿两掌，即左掌穿于甲方右臂之下，掌心上托，右掌接拿甲方的右手腕化解来袭之拳，重心落于右脚，见图 2-116（b）。接上式，乙方扣右脚上步于甲方的右侧，见图 2-116（c）。撤左步，以左云手之式，即两手拿住甲方的右臂随左转身走下弧线将甲方摔出，见图 2-116（d）。

要点：乙方拿住甲方的手臂后要迅速向右拧腰坐胯，带领甲方的右臂，随即左转身用云手走弧线将甲方摔出。

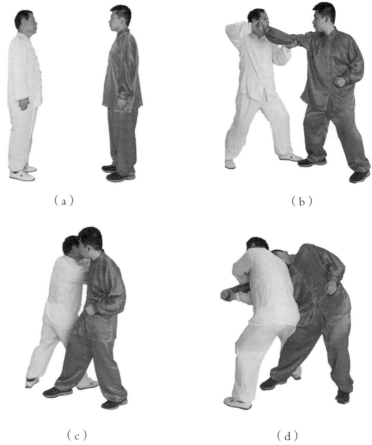

（a）   （b）

（c）   （d）

图 2-116 上步穿掌与杨式太极拳的左云手的组合招法

2. 上步穿掌与杨式太极拳的右云手的组合招法

甲乙双方相对站立，见图 2-117（a）。甲方上右步出右拳击打乙方的胸部或面门，乙方迅速扣左脚上步于甲方的右侧，左掌穿于甲方手臂外侧化解来袭之拳，右掌按于自己的右胯旁，见图 2-117（b）。接上式，乙方的左掌内旋并拿住甲方的右臂，扣右脚上步于甲方的右侧，或踩其中线，右掌经甲方的右腋下穿出，见图 2-117（c）。随之，乙方以右云手之式，即两手相合左推右曳，配合右转身将甲方摔出，见图 2-117（d）。

要点：乙方的两掌要左推右曳，右转身时要拧腰坐胯。

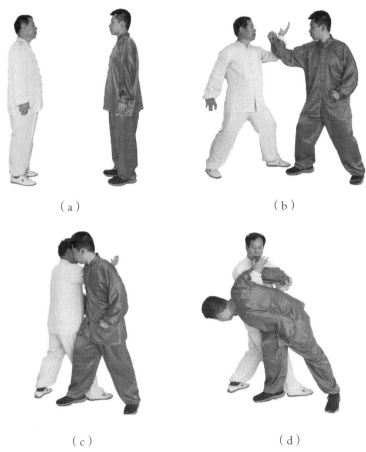

（a） （b）

（c） （d）

图 2-117 上步穿掌与杨式太极拳的右云手的组合招法

（九）狮子摇头与杨式太极拳的捧手的组合招法

甲乙双方相对站立，见图 2-118（a）。甲方上右步出右拳击打乙方的胸部或面门，乙方扣左脚上步于甲方的右侧，以杨式太极拳的右捧手式接拿来袭之拳，见图 2-118（b）。接上式，乙方随身体右转，以狮子摇头之式，即右掌缠拿甲方的右臂，左臂屈肘顶击甲方的右肋，见图 2-118（c）。

要点：乙方做右捧手之式时，右掌掌心向外，接拿甲方的手腕，同时与左肘对撑。

（a）   （b）   （c）

图 2-118　狮子摇头与杨式太极拳的捧手的组合招法

后记

　　我因爱好武术和多年的学习积累，曾产生过写书的念头，但由于水平有限迟迟未动笔。后来，在一次师门内部聚会上，师父要求弟子们不仅要勤练功，还要多思考、多总结，从多方面传承武术，提高自己。所以，我才决定拿起笔把师父所教的、自己所学及所理解的内容整理成书。

　　在《八卦掌实用技击招法》一书搁笔之际，我要感谢北京体育大学中国武术学院原院长张强强的精心运筹和指导！感谢恩师郭振亚（国家级非物质文化遗产八卦掌传承人）的悉心指教和鼓励！感谢师弟郭浩（国家级非物质文化遗产八卦掌传承人）的技术指导！感谢师弟汪树新（北京九鼎伟业集团董事长）的统筹和支持！同时感谢出版社编辑老师们！

　　另外，我的长子刘洪君参与了成稿的过程，如图稿设计和摄影工作，次子刘洪毅参与了书中的动作示范。由于我的水平和条件有限，书稿中部分文字和图片尚有不理想之处，望读者鉴谅！

刘玉海

2022 年 8 月 16 日